한글로 다시 쓴
소학

한글로 다시 쓴

# 소학

사람 구실, 그 책무성 함양을 위한 배움 철학

신창호 지음

우물이 있는 집

# 머리말

　상당수의 사람은 말한다. 『소학(小學)』은 옛날에 '어린아이'가 배웠던 교육 내용이다! 그런 말이 틀린 것은 아니다. 맞는 말이다. 소학에서 '소(小)'라는 글자가 '작다'라는 의미이므로, 인간에게 적용할 경우, '소인(小人), 즉 '작은 사람'인 어린아이를 지칭해서 그런가? 유교의 학문 구조에서 『소학』은 '어른'들의 학문인 『대학(大學)』에 대비되어 드러난다. 그런 차원에서 보면, 소학은 대학 이전의 단계에서 어린아이들이 배우는 교육이다. 전통 아동교육의 지침서라고나 할까?

　그러나 단순하게 나이 어린 사람, 즉 초등학생 수준의 위치에 있는 어린아이들이 배우는 교육 내용으로 한정할 때, 심각한 문제가 발생한다. 왜 그런가? 여러 가지 이유가있겠지만, 우선, 주자(朱子: 朱熹, 1130~1200)와 유청지(劉淸之, 1134~1190)의 공동 작품인 『소학』의 내용이, 아동이 이해하기에는 상당히 어렵다는 점이다. 그래서 어떤 학인(學人)들은 서슴없이 말한다. '아동용 교재로 『소학』을 만들었다고 본다면, 『소학』의 편집은 주자 최대의 학문적 실수이다!'라고.

하지만, 나는 다르게 생각한다. 그것은 경전의 역사와 사상의 전개, 배움을 향한 인간들의 열정에 따라 새롭게 고민해 보아야 한다. 무엇보다도, 나는 주자가 『소학』을 편집하며 교육적으로 고려한 그의 사고를 높이 평가한다. 왜냐하면, 주자가 『소학』을 편집한 의도는 '아동=소학', '성인=대학'만을 염두에 둔 것이 아니기 때문이다.

'소학'이라는 말에서 우리가 눈여겨 볼 대목은 '소(小), 즉 '어린이'라는 개념어이다. '어린이'는 세종대왕이 창제한 『훈민정음』에 다음과 같이 등장한다. "우리나라 말소리가 중국과 달라 중국 글자인 한자와 서로 통하지 않는다. 때문에 '어린' 백성들은 말하려는 사안이 있어도 뜻을 제대로 펼 수 없는 경우가 많다. 내가 이를 딱하게 여기고 새로 스물여덟 글자를 만들었다. 이는 사람들이 쉽게 익혀 일상생활에서 편리를 도모하도록 한 것이다."

여기에서 '어린'이라는 말은, '어리석다'라는 의미이다. 이 지점에서 『소학』을 편집한 의도가 무엇인지 캐물을 필요가 있다.

『소학』은 단순하게 생물학적으로 나이가 어린 아동을 대상으로 하기보다 남녀노소(男女老少)를 막론하고 생활 예절이나 기초 지식을 습득하지 못한 '어리석은 사람'을 위한 배움의 철학을 담았다! 그것은 『소학』의 두 번째 권인 「명륜(明倫)」의 첫머리에서 분명하게 확인된다.

"훈몽사(訓蒙士)!"

이 구절은 직역하면 "어리석은 선비를 가르친다!"라는 말이다. 범위를 확대하면, "어리석은 사람을 가르쳐 인도한다"라는 뜻이다. 때로는 "어리석은 사람을 경계시킨다"라는 의미이기도 하다.

문제는 '어리석음'에 대한 인식이다. 이때 어리석은 사람이나 선비는 어떤 존재일까? 나는 이렇게 생각한다. 한 인간이 '상식적이고 정상적으로 삶을 영위하는 활동을 할 수 있다!'라고 전제할 경우, 군자(君子: gentleman)가 되지 못한 인간은 모두 어리석은 사람이다! 군자는 현대적 의미로 이해하면, '교육받은 사람(educated man)'이나 '교양 있는 사람', 또는 '인격을 제대로 갖춘 도덕적 인간'이다. 전통적으로 군자와 대비되는 인간은 '소인(小人)'이다. 전통 사회에서 소인은 다양한 차원에서 이해된다. 현대 사회에서도 '소인배(小人輩)'나 '조무래기', 또는 세속적으로 말하면 '양아치' 같은 존재들은 지위의 고하(高下)나 출신의 존비(尊卑), 지식의 체득 여부를 막론하고, 여러 가지 양상으로 드러난다.

『소학』은 이처럼 품행이 단정하지 못하고 나쁜 짓을 일삼는 자들이나 사람 구실을 제대로 하지 못하는 어리석은 사람이 배워야 할 내용을 체계적으로 담고 있다. 때문에 『소학』은 사람으로 살아가면서 배워야 할 기본 내용을 담고 있는 '인간학의 기초'에 속한다. 사람 구실을 제대로 하기 위한 '배움 철학'이다. 그것은 인간으로서 자신의 본분에 맞는 책임이나 의무를 상식적으로 감당하려는 책무성을 담보한다.

중국 역사에서 '소학'은 다양한 의미를 지니고 있다.

첫 번째는 '교육기관'의 명칭으로서 소학이다. 이는 8세 전후의 아동이 입학하는 학교로 15세 이상의 성인이 입학하는 학교인 '대학'과 상대된다. 한반도의 일제 강점기 시기에도 아동이 다녔던 초등학교를 소학교라고 했다.

두 번째는 '소인지학(小人之學)'을 줄인 말로 '어린아이의 배움'을 일컫는다. 이는 어른의 학문인 '대인지학(大人之學)'에 상대되는 말이다.

세 번째는 '경전'의 명칭이다. 『소학』은 중국 고대에 '어린아이'나 '어리석은 사람'을 가르치던 책으로, 구경(九經)이나 십일경(十一經) 가운데 하나이다. 물론 이 책은 주자가 편찬한 『소학』과는 다른 내용을 담고 있었을 것으로 추측된다.

네 번째는 '학문'의 한 부류이다. 그것은 한(漢)나라 이래로 중국 문명을 대변하는 서기호(書記號)인 한자에 대하여, 형태[形]나 발음[音], 그리고 의미[義]를 연구하는 전통적 학문을 총칭한다. 한자의 형태에 관한 연구를 문자학(文字學)이라 하고, 발음에 관한 연구를 음운학(音韻學)이라 하며, 의미에 관한 연구를 훈고학(訓 學)이라 하는데, 이를 통칭하여 소학이라고 했다.

여기에서는 '교육기관'으로서의 소학과 주자가 편찬한 '책'으로서 『소학』을 소개하고, 주자 이후 『소학』의 전래와 영향을 간략히 안내한다.

첫째, 학교의 명칭으로서 소학은 어린이를 교육하는 '장소'를 의미한다. 이는 어른들이 공부하는 대학과 상대되는 말이다.

소학은 중국 고대 시대부터 '궁궐의 곁'에 설치하여 태자(太子)를 비롯한 여러 왕자, 제후(諸侯)의 아들, 공(公)·경(卿)·대부(大夫)·원사(元士)의 맏아들을 대상으로 기본 예절을 가르치던 학교라고 한다. 순(舜)임금 때는 소학을 '하상(下庠)'이라 하였고, 하(夏)나라 때는 '서상(西庠)', 또는 '서서(西序)'라고 하였으며, 은(殷)나라 때는 '좌학(左學)'이라 하였고, 주(周)나라 때는 '우상(虞庠)'이라 하였다. 그 위치에 대해서는 시대별로 학자별로 다양한 주장이 있다. 대체로 왕궁의 동쪽에는 대학을 설치하였다. 소학은 그 반대쪽인 서쪽이나 왕궁에서 몇십 리 떨어진 곳, 또는 백 리 정도 떨어진 교외의 사방에 설치하였다고 한다.

소학에 입학하는 나이에 대해서도 경전에 따라 약간의 기록 차이가 있다. 『상서대전(尙書大傳)』에서는 13세 무렵에 소학에 들어가고 20세 무렵에 대학에 들어갔다고 했고, 『신서(新書)』에는 9

세 무렵에 소학에 들어가고 15세 무렵에 대학에 들어간다고 했다. 『대대례(大戴禮)』나 『백호통(白虎通)』에는 8세 무렵에 소학에 들어가고 15세 무렵에 대학에 들어간다고 했다. 주자도 『대학장구(大學章句)』 서문에서 8세 무렵에 소학에 들어가고 15세 무렵에 대학에 들어간다고 적시했다. 종합적으로 보면 전통 사회에서는 8세~13세 무렵에 소학에 들어가고 15~20세 무렵에 대학에 들어간다고 볼 수 있다. 이는 현대 사회의 학령(學齡)과 비교해도 유사한 차원이 있다. 현재 대한민국의 경우, 7세 전후에 도달하면 초등학교에 입학하여 15세 전후에 중학교나 고등학교에 재학하고, 20세 전후로 대학에 진학하는 것과 비슷하다.

소학에서 배운 교육 내용은, 인간이 살아가면서 필요로 하는 기본 도덕이나 예절, 어린이로서 실천할 수 있는 삶의 테크닉 등이었다. 그것은 이른바 '쇄소응대진퇴(灑掃應對進退)'와 '예악사어서수(禮樂射御書數)'로 표현된다. 현대적으로 이해하면, 쇄소(灑掃)는 '물 뿌리고 쓸기', 즉 '청소하기'에 해당하고, 응대(應對)는 '응낙'과 '대답' 하는 양식에 해당하며, 진퇴(進退)는 '나아가고 물러날 때의 인사'로 정돈할 수 있다. 또한 예악(禮樂)은 '분별과 조화'를 강조하는 정서 함양이고, 사어(射御)는 '활쏘기'와 '말[馬] 부리기'를 통한 전투 체육이나 긴장의 끈을 놓치지 않는 정신 통일의 수양이며, 서수(書數)는 '글공부와 셈하기'를 통한 지식 습득의 과정이다. 이는 생활 예절과 문예 교육으로 이해할 수 있다.

주자는 「소학서제」에서 "옛날 소학에서는 사람에게 물 뿌리고 청소하는 일과 다른 사람에게 응낙하고 대답하는 일, 몸가짐을 단정하게 하는 예절, 부모를 사랑하고 어른을 공경하며 스승을 높이 여기고 벗들과 친근하게 지내는 방법을 가르쳤다"라고 하여, '애친경장융사친우(愛親敬長隆師親友)'의 도리를 강조하였다.

현재 우리가 보고 있는 『소학』은 주자가 유청지에게 의뢰하여 편집한 것이다. 따라서 주자와 유청지의 공동 저작으로 보는 것이 타당하다. 두 사람의 공동 저작이지만, 그 내용은 다양한 경전에서 발췌 인용하여 교육적 체계를 갖추었다. 이는 배움에 관한 수준 높은 집단 지성의 사유와 실천이 녹아 들었다는 의미이다.

주자가 『소학』을 편집한 이유는 간단하다. 전통적으로 전해오는 구체적인 '소학' 교재가 없었기 때문이다. 추측하건대, 예로부터 소학에서 쓰던 교재는 있었을 것이다. 그러나 진시황의 분서갱유(焚書坑儒)이래로 경적(經籍)이 소실되어 주자가 활동하던 남송(南宋) 때까지 보존된 것이 거의 없었다. 진시황은 분서갱유를 통해, 책을 불사르고 학자들을 구덩이에 파묻어 죽이는 사상 탄압을 감행하였다. 이사(李斯)에게 명하여 의약(醫藥)과 복서(卜筮), 농사(農事)에 관한 서적을 제외하고, 유교의 여러 경전을 비롯하여 민간에서 유행하던 정치 성향의 서적을 몰수하여 불태웠다. 또한 신선(神

仙)이 되는 불사약(不死藥)을 구해 오도록 파견한 신하가 불만을 품고 도망가고, 여러 신하와 유생들이 분서 사건을 비난하자, 학자 460여명을 체포하여 생매장하였다. 분서갱유로 말미암아 유교 경전은 거의 소실되었고, 학문적 분위기도 크게 침체되었다. 소학의 구체적 교육 내용이 담긴 서적들도 이 시기에 잃어버렸다고 판단된다. 뿐만 아니라, 역사적으로 다양한 세파를 겪고 세월도 오래되면서, 주자 당시에는 완전하게 체계를 갖춘『소학』책을 볼 수 없었다.

이에 주자는 당시의 교육이 쇠퇴함을 고민하면서, 풍속의 교화에 조금이라도 도움을 주기 위해, 어린아이와 어리석은 사람들의 교육에 필요한 교재를 편찬하였다. 즉 옛전에 들은 내용들을 수집하여 후학들을 깨우치려고 한 것이다. 이것이『소학』탄생의 계기이다.

유청지는 송나라 사람으로, 자는 자징(子澄)이고 호는 정춘선생(靜春先生)이다. 그는 주자를 만난 뒤 의리(義理)의 학문에 뜻을 두고 정진했다고 한다. 유청지가 주자의 지도 아래『소학』의 편찬에 참여했다는 근거는 주자의 문집 속에 드러난다. 주자는『소학』편찬과 관련하여 유청지에게 편지를 보냈는데, 여기에서『소학』편찬을 독촉하고 있다. 이때가 순희(淳熙) 10년(1183년) 무렵이다. 그런데 2년 뒤인 순희 12년(1185년), 주자는 이미『소학』의 초고를 유청지에게서 넘겨받아 수정하고 있었다. 여기서 말하는 순희(淳熙)는 중국 남송 시대 효종(孝宗)의 연호이고, 효종은 1174년부터 1189년까지 15년간 임금 자리에 있었다.

당시, 『소학』을 편집할 때, 주자는 전체적으로 기획하고 유청지는 원고를 정리했던 것 같다. 특히, 주자는 유청지의 초고를 전반적으로 조율하면서, 문장의 순서를 바꾸고, 시(詩)나 부(賦)를 제거하고, 고금(古今)의 사례 및 송나라 때 현인들의 사적을 보완하였다. 그리고 『소학』의 머리말에 해당하는 「소학서제(小學書題)」와 「소학제사(小學題辭)」를 지어 넣었다. 그리하여 『소학』의 편찬이 완성된 것은 순희 14년(1187년), 주자의 나이 58세 때이다.

주자가 편집한 『소학』은 『서경』 『예기』 『효경』 『논어』 『맹자』 등 여러 경전에서 동몽(童蒙)과 몽사(蒙士)들을 교화시킬 수 있는 내용을 발췌하여 편집되었다. 동몽은 아직 어른으로서 성장이 제대로 이루어지지 않아 인지능력이 발달하지 않은 어린아이이고, 몽사는 어른이긴 하지만 지식 교양이 성숙하지 않은 인간을 말한다.

『소학』은 크게 내편(內篇)과 외편(外篇)으로 나누어져 있다. 내편은 제1권 「입교(立敎)」, 제2권 「명륜(明倫)」, 제3권 「경신(敬身)」, 제4권 「계고(稽古)」이고, 외편은 제5권 「가언(嘉言)」, 제6권 「선행(善行)」으로 구성되어 있다. 「입교」에서는 태교를 비롯하여 가정교육, 학교에서 이루어져야 할 교육을 논의하고, 교육의 원칙과 지침이 정해진 이후에 교육이 구체적으로 이루어질 수 있다는 차원을 보여준다. 「명륜」에서는 부모와 자식, 임금과 신하, 남편과 아내, 어른과 어린이, 벗과 벗 사이의 도리인 오륜, 즉 다섯 가지의 윤리를 밝혔다. 「경신」에서는 몸가짐을 공경히 한다는 뜻에 맞추어, 마음가짐과 몸가짐을 비롯하여 행동거지, 의복, 음식에 대한 일상의 법도를 논의했다. 「계고」는 한나라 이전 중국 고대 성현들의 언행을 검토하여 「입교」「명륜」「경신」의 실제 사례를 입증하였다. 「가언」「선행」은 한나라 이후 송나라 때까지의 현인들의 교훈과 행실을 수록하였다.

그러나 조선 숙종 때 이덕성(李德成, 1655~1704)이 쓴 「어제소학서(御製小學序)」에는 내편을 '입교', '명륜', '경신'의 셋으로, 외편은 '가언', '선행'의 둘로 나누었다. 여기에서 '계고'를 내외 어디에 편입해야 할지 특별히 언급하지는 않았지만, '계고'는 내편에서 제외되었다기보다는 '입교', '명륜', '경신'으로 구성된 내편의 내용에 대해 사례를 들어 보완하거나 추가 설명하는 차원이므로 내편에 포함하여 이해하는 것이 옳다.

또한 『소학』은 「입교」「명륜」「경신」을 근본으로 하고 「계고」「가언」「선행」은 그것을 바탕으로 보완하거나 확대하여 응용하는 형식을 갖추고 있다. 다시 말하면 「입교」「명륜」「경신」의 실천을 위한 공부를 핵심으로 한다. 이는 전편을 통하여 유교의 효(孝)와 경(敬)을 중심으로 하는 가정과 사회에 대한 이상적인 인간상과 수기치인(修己治人)의 건전한 인격자, 교양인을 육성하기 위한 계몽과 교훈을 담고 있다.

이와 같이 '유교 전통의 배움 철학'에서, 그 중심 역할을 하는 소학'을 비판적으로 성찰하면서, 민주적 시대정신을 담은 삶과 교육이 구가되기를 소망한다.

2025. 2. 입춘절

안동 시우실(時雨室)에서 신창호

# 차 례

# 제1장 『소학』의 메시지, 착한 인성 함양의 길잡이

제1장은 주자가 『소학』을 지은 다음에 쓴 '머리말'에 해당하는 글이다.

첫 번째 글(1)은 「소학서제(小學書題)」인데, 『소학』을 편찬하면서 그것이 어떤 특성을 가지는지 간략하게 안내하는 내용이다. 어린 시절부터 어른으로 성장하기까지 사람 구실을 하기 위한 인간의 책무성을 배우고 익혀야 한다는 교육의 중요성을 강조하고 있다.

두 번째 글(2)은 「소학제사(小學題辭)」인데, 『소학』에 수록한 구절이나 문장의 의미가 어떤 것인지 그 대강을 소개하는 내용이다. 사람은 착한 본성을 타고났고, 그것을 잘 길러 사람답게 제대로 살아갈 수 있는 길을 모색하려는 취지를 담고 있다.

**1**

『소학집주』를 편찬한 율곡 이이(李珥, 1536~1584)는 『격몽요결』 「서문」에서 다음과 같이 말하였다. 사람이 이 세상에 태어나서 학문 (學問: 교육)을 하지 않으면 사람다운 사람이 될 수 없다. 이른 바, 그 학문이란 일상에서 일어나는 삶의 질서를 알고 실천하는 일에서 벗어나지 않는다. 부모의 자식에 대한 사랑, 자식의 부모에 대한 효도, 군주에 대한 신하의 업무 충실, 부부의 상호 공경과 역할 분담, 형제자매 사이의 우애, 젊은이의 어른에 대한 존경, 친구 사이의 신의 등, 일상생활에서 사안에 따라 무엇을, 왜, 어떻게, 실천해야 하는지, 그 본분과 역할을 인식하고 행동하는 일일 뿐이다. 쓸데없이 마음을 이상한 방향으로 움직여 특별하거나 신기한 효과를 노리는 작업이 결코 아니다!

독일 최초로 대학에서 '교육학 강의'를 행했던 철학자 칸트(Immanuel Kant, 1724~1804)도 다음과 같이 말하였다. 인간은 교육받아야만 하는 유일한 존재이다. '교육'이라는 말은 '양육(養育)', '훈육(訓育)' 그리고 '육성(育成)'을 의미한다. 인간은 양육을 통해 유아로 자라나고, 훈육을 통해 아동으로 성장하며, 그리고 육성을 통해 청소년으로 성숙한다. …… 인간은 오직 교육을 통해서만 인간이 될 수 있다! 인간이라는 존재는 오로지 교육의 산물이다. 인간은 그 또한 교육받은 인간을 통해서만 교육된다. 때문에 일부 사람에게 훈육과

교수가 부족할 경우, 그들이 다시 그들의 후속 세대에 나쁜 교육자가 되고 만다. 한층 높은 어떤 존재가 교육을 떠맡는다면, 인간이 과연 무엇이 될 수 있는지를 볼 수 있다.

시대 차이도 있고 내용도 다르지만, 이이와 칸트의 언표는 인간 교육의 중요성을 최고조로 강조한, 절규에 가까운 호소에 다름 아니다.

이들보다 훨씬 앞선 시기에, 주자는 『소학』의 서문에서 말하였다.[1] 인간은 배워야 한다! 옛날 소학에서는 사람을 가르칠 때, '일상의 문제를 먼저 고려하라'고 주문하였다. 즉 평소 자신이 거처하는 곳을 깨끗이 청소하라! 사람을 만났을 때는 격에 맞게 접대하라! 자신의 행동거지를 예의에 맞게 하라! 부모를 사랑하고 어른을 공경하라! 스승을 존경하라! 친구나 동료와는 신의로써 가까이 지내라! 왜냐하면 어릴 때부터 익혀야 하는 『소학』 공부는 어른이 되어가면서 배울 『대학』의 내용, 이른바 '수신제가치국평천하(修身齊家治國平天下)', 자신을 수양하고 집안을 질서 있게 유지하며 나라를 다스리고 세상을 편안하게 하는 근본이 되기 때문이다.

그렇게 하려면 어떤 교육이 필요한가? 반드시 어릴 때 배우고

---

1) 「小學書題」: 古者小學, 教人以灑掃應對進退之節, 愛親敬長隆師親友之道. 皆所以爲修身齊家治國平天下之本. 而必使其講而習之於幼穉之時. 欲其習與智長, 化與心成, 而無扞不勝之患也. 今其全書, 雖不可見. 而雜出於傳記者亦多, 讀者往往, 直以古今異宜, 而莫之行. 殊不知其無古今之異者, 固未始不可行也. 今頗蒐輯, 以爲此書, 授之童蒙, 資其講習.; 이하 脚註는 本文에서 出處를 제시해 놓았으므로 原文만을 표기하고, 번역문에서는 현대적 의미를 더하여 의역하거나 필요에 따라 내용을 보충하거나 설명을 추가한다.

익히게 해야 한다. 이유는 간단하다. 어릴 때부터 배우고 익히는 일, 즉 학습(學習)은 지혜와 함께 자라고, 그 학습의 효과가 마음에 스며들어 서로 어긋나지 않기 때문이다. 뿐만이 아니다. 그런 배움은 인생의 고난을 극복하는 기초가 될 수 있어서이다.

하지만 문제가 있다. 지금은 옛날 하나라와 은나라 주나라 등, 교육이 흥성했던 시절의 교재가 어떤 것인지 정확하게 알 수 없다. 그래도 다행인 것은 그 내용의 일부가 여기저기 경전 속에 흩어져 전해 온다. 하지만 또다시 문제가 생겼다. 그것을 읽은 사람들이 옛날의 교육 양식을 당시 사회에 동일한 형태로 적용할 수 없다는 고민이었다. 그리하여 주자는 옛날의 교육 양식을 실행하지 않았다. 사람들이 특수성과 보편성의 문제를 구분하지 못했기 때문이었다. 옛날이나 지금이나 인간사회에 공통으로 통용되면서도 보편적으로 행할 수 있는 것을 알지 못하여, 옛날부터 내려오던 전통적인 배움과 익힘의 철학을 등한시하고 방치했기에, 그에 맞는 다른 길을 모색해야만 했다.

주자의 문제의식은 여기에서 싹텄다. 『소학』은 그렇게 탄생 되었다. 800여년 전에 주자는 말한다. 이제 그런 배움의 철학을 여기저기서 모아 『소학』을 만들어, 어리석은 사람들이 학습할 수 있도록 도와주려고 한다.

## 2

모든 존재에는 원인과 결과가 있다. 존재를 움직이는 이치와 근거에 따라 질서를 형성한다. 그것이 『주역』에서 말하는 '변(變)-화(化)'의 법칙이다. 이 '변-화'의 개념에는, 우리가 단순하게 하나의 단어로 사용하는 '변화' 즉 '바뀌다'의 뜻으로만 이해하기에는 무언가 복잡한 상황이 개입해 있다.

『주역』"건(乾)"괘의 '단(彖)'에 보면, "변(變)은 차츰차츰, 천천히 나아가, 화(化)로 가는 작업 과정이다. 화(化)는 그 변(變)이 이루어져 정해지는 사업의 완수이다. 세상의 모든 존재가 받은 것을 성(性)이라 하고, 우주 자연이 준 것을 명(命)이라 한다. 대화(大和)는 서로 다른 기운인 음양(陰陽)이 모여 가득 찬 기운이다. '제각기 바르게 한다'라는 의미의 각정(各正)은 세상의 모든 존재가 태어나는 처음에 얻는 자질의 양태이다. 보합(保合)은 태어난 뒤에 온전히 보존하는 일이다."[2]

주자의 해설을 의역하는 차원에서 다시 풀이하면, '변화(變化)'는 바뀌어 가는 과정에 대한 분석적 사유를 제공한다. 일상에서 '변화'라는 말은, 그저 '체인지(change)'나 '전환(轉換)'처럼, 하나의 단어로 사용하는 경우가 많다. 하지만 엄밀하게 나누어 보면, '변'과 '화'는 연속선상에 활동이면서도 차원이 다르다. '변(變)'은 바뀌는 과정 자체

---

2) 變者, 化之漸. 化者, 變之成. 物所受爲性, 天所賦爲命. 大和, 陰陽會合沖和之氣也. 各正, 得於有生之初. 保合, 全於已生之後.

를 의미한다. '바뀌는 과정'은 물리적 전환의 연속이다. 점진적(漸進的)으로 진행되는 가운데 다른 형상을 지속적으로 창출한다. 그것은 천천히 움직이면서 종착지인 화(化)로 차근차근 나아간다. '화(化)'는 바뀌는 과정을 거쳐 종결되는 지점을 의미한다. 바뀌어 종결되는 지점은 화학적 전환이 이루어진다. 그렇게 완성된 모습은 전혀 다른 성질을 지닌, 새로운 존재의 창조이다. 고요하면서도 역동적으로, 존재가 지닌 성질을 서서히 바꾸며, 변(變)의 완성을 담아낸다.

이런 이치를 고려하여, 우주 자연이나 인간사회의 '변-화'를 교육적 차원에서 비유할 수 있다. '변(變)'은 '교육의 과정'이다. 인간은 교육을 통해 끊임없이 바뀌어 간다. 그것은 긍정적으로 '성장' 또는 '성숙'의 진행이 이루어지는 교육적 사태이다. '화(化)'는 '교육의 효과'이다. 또는 '결과'로 볼 수도 있다. 교육을 통해 바뀌는 과정을 거쳐, 어떤 인간으로 성장하고 성숙했는가? 바로 그 지점에서 드러난 인간의 품격이다.

이러한 변화의 순환 원리는 '원형이정(元亨利貞)'이라는 네 글자에 함축되어, 우주 자연과 인간사회의 이법(理法)을 정돈한다. 원형이정은『주역』의 역동적 생명력을 상징하는 핵심 언표이다. 자연의 추이에 따른 계절로 네 부분으로 분류할 때, '원-형-이-정'은 '봄-여름-가을-겨울'에 해당한다. 이 사계절은 1년 12개월 가운데 3개월씩 안배된다. 단순하게 순차적으로 보면, 봄은 1월~3월, 여름은 4월~

6월, 가을은 7월~9월, 겨울은 10월~12월로 구획할 수 있다. 그러나 대한민국의 계절 추이로 볼 때, 이런 단순 계산과는 몇 달의 시차가 존재한다. 대체로 봄은 3월~5월, 여름은 6월~8월, 가을은 9월~11월, 겨울은 12월~2월 정도로 나누어 보는 것이 현실적이다. 지리적으로 중국(中國) 중원(中原)의 기운과 시·공간의 차이에서 오는 편차이다.

어쨌건, 1년 12개월 가운데 10월은 대부분의 사업가들에게는 4/4분기이고, 3/4분기까지의 사업을 종합하며 정돈하는 시기이기도 하다. 절기(節氣)로는 한로(寒露)에 접어든다. 한 해의 결실이 이루어지고, 수확의 기쁨을 맛보며, 겨울의 한랭한 기운만큼, 성장을 최소화하고, 고요하게, 내년 봄을 준비하는 때이다.

주자는 『주역본의』"건(乾)"괘의 풀이에서 '원형이정(元亨利貞)'의 개념을 깔끔하게 정돈했다. "원(元)은 크게 될 가능성이다. 형(亨)은 두루 미치고 훤히 비추며 꿰뚫어 나가는 일이다. 이(利)는 마땅하게 자리 잡는 상황이다. 정(貞)은 바르게 되어 굳어지면서 단단해지는 정돈 상태이다."[3]

정이의 『역전』에는 보다 풍부한 의미를 담아 다음과 같이 해석하고 있다. "원(元)·형(亨)·이(利)·정(貞)을 네 가지 덕이라 한다. 원(元)은 모든 존재가, 처음으로, '비롯되는 모습'이다. 형(亨)은 모든 존재가 '자라나는 일'이다. 이(利)는 모든 존재가 이르러 '마치는 상황'이

---

3) 元, 大. 亨, 通. 利, 宜. 貞, 正而固也.

다. 정(貞)은 모든 존재가 이루어 '정해지는 상태'이다. 이는 일을 어떻게 처리하느냐에 따라 바뀐다. 그러므로 원(元)은 오로지 좋은 일이 크게 될 가능성이 되고, 이(利)는 바르게 되어 굳어지고 단단해지는 상태를 이루는 기본이 되며, 형(亨)·정(貞)은 그 격식이 제각기 발생하는 일에 맞게 한다. 이에 네 가지 덕의 뜻이 넓고 크다!"[4]

이 풀이에서도 '원형이정'은 아주 단순한 논리로 정돈되어 있다. 원(元)은 모든 존재가 처음으로 비롯되는 모습이고, 형(亨)은 그것이 자라나는 일이며, 이(利)는 그것이 자기 속성에 따라 자신에게 이르러 마치는 상황이다. 그리고 정(貞)은 그런 과정을 거쳐 이제 이루어 정해지는 상태다. 간략하게 말하면, 원은 시초이자 시작이고, 형은 발전이자 성장이며, 이는 성숙이자 성취이고 정은 완성이자 완결이다. '봄-여름-가을-겨울'을 거치며 만물이 성장하듯이, 그 우주자연의 섭리를 문자로 표현하였다. 곡식의 경우, 봄에는 씨앗을 뿌리고 여름에는 줄기와 가지와 잎이 무성하게 자라고, 가을에는 수확하고, 겨울에는 다시 내년 봄을 위해 저장하는 그런 이치이다.

교육의 논리도 동일하다고 판단한다. 인간이라는 인격체를 무게중심을 두고, 그 씨앗을 뿌리고 가꾸고 열매 맺고 저장하고, 수확한 것 가운데 상당수는 삶을 위해 영양으로 보충하고, 다시 씨앗을 뿌리고. 이 평생의 과정이 삶을 이룬다. 인생(人生)! 그것은 그저 그러

---

4) 元亨利貞, 謂之四德. 元者, 萬物之始. 亨者, 萬物之長. 利者, 萬物之遂, 貞者, 萬物之成. 隨事而變焉. 故 元, 專爲善大. 利, 主於正固. 亨貞之體, 各稱其事. 四德之義, 廣矣大矣.

할 뿐이다. 역사상 수많은 사람이 얼마나 알찬 열매를 수확하고 저장하며 다시 뿌렸을까?

아무리 생각을 거듭해도, 역(易)에 대한 관심이 지속되어 온 것은, 이런 논리를 인생에 반영하여 합당한 지혜를 구하려는 삶의 몸부림이었다는 판단밖에는 다른 의미를 떠올리기 힘들다. 정말 역의 세계를 옹호한 사람들의 진심이 그런 게 아니었을까?

기존에 한글로 번역한 『주역』의 대부분은, 이 '원-형-이-정(元-亨-利-貞)'을 '크다-형통하다-이롭다-곧다'와 같이, 점(占)을 쳐서 나온 결과를, 길흉(吉凶)의 논리 맞추어, 삶의 진리처럼 제시하는 듯하다. 하지만, 나는 그렇게 이해해서는 곤란하다고 판단한다. 그것은 계절의 순환처럼, 우주 자연이 질서에 따라 운행하듯이, 인간이 삶의 변화무쌍한 상황을 합당하게 처리해 나가기 위해, 어떤 사태에 부딪히건, 대응(對應)하고 호응(呼應)하는 자세나 태도를 점검하는, 소중한 생애의 사업이다.

그 원형질(原形質)의 하나가 '교육'이다. 그러기에 교육은 인간 생명을 지속하려는 활동의 기초가 된다. 기초를 다진 만큼, 인간 생활을 영위하는 물질적·의식적 바탕을 형성하는데 기여한다. 이런 차원에서 교육은 '삶의 원형질'을 조성하는 거룩한 사업이다.

이와 같이 『역』의 개념을 빌어, 주자는 『소학』을 편집한 후, 「소학제사」에서 배움의 철학을 시대에 맞추어 다시 정돈한다.[5]

---

5) 元亨利貞, 天道之常. 仁義禮智, 人性之綱. 凡此厥初, 無有不善, 然四端, 隨感而見. 愛親敬兄, 忠君

원형이정(元亨利貞)에서 원(元)은 봄[春]에 해당하므로 만물의 시초로서 인(仁)이 된다. 형(亨)은 여름[夏]에 해당하므로 만물이 자라는 것에 비유되어 예(禮)가 된다. 이(利)는 가을[秋]에 해당하므로 만물이 이루어지는 것에 비유되어 의(義)가 된다. 정(貞)은 겨울[冬]에 해당하므로 만물을 거두어들이는 것에 비유되어 지(知)가 된다. 이 네 가지 덕(德)은 이 세상의 기본적 도리로 변하지 않는 속성을 지닌다.

인은 도덕적으로 최고선에 해당하고, 의는 옳은 일을 말하며, 예는 예의와 절도가 바른 것이고, 지는 지성적 차원이다. 이 네 가지 실마리는 사람의 성질과 품격을 대표하는 인간의 기강(紀綱)에 비견된다.

인의예지(仁義禮智)의 네 가지 실마리, 즉 사단(四端)은 본래 선(善)하지 않은 것이 없다. 따라서 모든 사물의 사단이 바깥의 다른 사물과 만나면, 내면에서 느끼고 움직이기 때문에, 내면에서 외부로 그 형상을 드러내게 마련이다. 인간의 경우, 부모를 사랑하고 형제자매 사이에 우애롭게 지내는 일과 자신이 속한 조직의 최고지도자에게 충실하고, 어른을 공손하게 대하는 일을 본래 타고난 성품으로

---

悌長, 是曰秉, 有順無疆. 惟聖, 性者, 浩浩其天, 不加毫末, 萬善足焉. 衆人, 蚩蚩, 物欲交蔽, 乃頹其綱, 安此暴棄. 惟聖斯惻, 建學立師. 以培其根, 以達其支枝. 小學之方, 灑掃應對, 入孝出恭, 動罔或悖. 行有餘力, 誦詩讀書, 詠歌舞蹈, 思罔或逾. 窮理修身, 斯學之大. 明命赫然, 罔有內外. 德崇業廣, 乃復其初, 昔非不足, 今豈有餘. 世遠人亡, 經殘敎弛. 蒙養弗端, 長益浮靡. 鄕無善俗, 世乏良材. 利欲紛挐, 異言喧豗. 幸茲秉彝, 極天罔墜. 爰輯舊聞, 庶覺來裔. 嗟嗟小子, 敬受此書. 匪我言耄, 惟聖之謨.

삼는다. 이 본래 타고난 성품은 자연의 질서에 따라 순종해야 한다. 억지로 자신의 성품을 드러내거나 강제할 수 있는 사안이 아니다.

하지만 온전한 인간성을 발휘하는 성인(聖人)만이 타고난 본성대로 할 수 있다. 최고의 인격자인 성인은 그 본성이 자연의 질서에 부합한다. 그러기에 터럭 끝만큼도 더하지 않아도 모든 일에 척척 드러맞는다. 문제는 일반적으로 세상을 살아가는 사람들이다. 그들은 무지(無知)하고, 마음은 욕망(欲望)으로 가득하다. 사물의 본질을 제대로 보지 못하고, 욕망의 노예로 전락해 있다. 사회에서 지켜야 할 도덕 질서인 인의예지(仁義禮智)의 근본을 무너뜨리며, 자신을 학대하고 자기의 인생을 포기하는 일을 수시로 저지른다.

성인은 이와 같은 수많은 사람을 측은하게 여겨 학교를 만들었다. 그리고 훌륭한 스승을 내세워, 교육을 통해 사람으로서의 근본을 심게 하고, 점차 사람 구실을 할 수 있게 도왔다. 그것이 소학이라는, 어리석은 사람들을 위한 교육의 시작이었다. 소학 공부는 일상의 기본 예절을 핵심으로 한다. 자신의 주변을 물 뿌리고 쓸어내며 청소하는 일, 사람과 사람 사이에 만나 서로 응대하는 법, 부모에게 효도하고 어른을 공경하여 그 행동이 예절에 거슬림이 없게 하는 예의 등이다. 주자는『소학』을 편찬한 후, 나름대로 지식인으로서의 책무성을 다했다는 위안을 느낀듯하다. 이제『소학』에 이런 내용을 담아 놓았으니, 이 글을 읽으며 즐겁고 긍정적으로 생각하여, 생각이 일상생활의 상식적 규범이나 절도를 넘지 않게 해야 한다!

한편, 세상의 다양한 법칙을 연구하고, 자신의 의지를 정성스럽게 하며, 마음을 바르게 하고 몸을 닦는 것은, 소학 이후의 단계인 대학의 길이다. 대학에서는 사람이 자연의 질서를 통해 부여받은 본성을 훤하게 드러내는 작업을 목표로 한다. 본성이 밝게 드러날 때, 내 마음은 내면이나 외면의 구별이 없고, 덕이 높게 쌓이며, 사업을 넓고 크게 이룰 수 있다.

사람들이 스스로에게 포악하고 자신을 버리는 일에 무감각한 것은, 인의예지의 착한 본성 자체에 부족함이 있어서가 아니다. 덕을 높이 쌓고 사업을 넓고 크게 하는 것도 인의예지의 본성이 넘쳐흘러서가 아니다. 그것은 모든 사람이 타고난 착한 본성을 허영심과 왜곡된 출세욕 등 다양한 욕망에 가려 있기 때문이다. 이제 그 욕망을 조절하여 본래 착한 본성으로 돌아갈 일만 남았다.

그 옛날, 소학이 제대로 교육되던 시기는 없어진 지 오래되었다. 삶의 훌륭한 모범을 보여주었던 지도층이 없어진 지도 오래되었다. 최고지도자인 성인이 지은 경서(經書)는 그 내용이 얼마 남아 있지도 않고 가르치는 법도 사라졌다. 한마디로 말하면, 전통적인 소학의 교육 양식은 더 이상 찾아보기 힘들어진 시대이다.

그렇다고 가만히 앉아 있을 수는 없다! 왜냐하면 소학의 가르침이 이 사회에 제대로 실천되지 않을 경우, 더욱 심각한 문제가 발생하기 때문이다. 지역사회마다 아름다운 풍속이 사라질 수 있고, 도덕 윤리가 무너져 착한 사람이 없어질 수도 있다. 또한 사람들도 대부분이 이익과 탐욕에 사로잡힐 수 있고, 비윤리적인 풍조가 만연할 수 있다.

그래도 다행인 것은, 사람 본연의 성품은 늘 착한 그대로다. 그것만이 희망이다! 주자는 호소한다. 나는 그 희망의 끈을 굳건히 잡고, 전통적으로 전해오는 글들을 모아 후학들을 깨우치려고 한다. 자신이 어리석다고 생각하는 사람들이여! 반드시 『소학』을 한 번이라도 읽고 깨달음이 있기를 바란다.

# 제2장 인간이 배워야 하는 이유

제2장은 『소학』, 「내편」에서 '입교(立敎)'의 내용을 정돈한 것이다.

'입교'는 말 그대로 '가르침의 기준을 수립하는 작업'이다. 사람이 사람답게 살아가기 위해 어떤 가르침이 필요한지, 인간사회가 나아가야 할 길에 대해 분명하게 알기 위한 교육의 전주곡에 해당한다.

스승이 되어 가르치는 사람은 '왜, 어리석은 사람에게 가르침을 베풀어야 하는가?'라는 문제에 대해 스스로 깨달아야 하고, 배우는 사람은 '왜, 어린 시절부터 사람의 길을 올바로 가기 위해 배우고 익혀야 하는가?'라는 문제에 대해 스스로 일깨워야 한다.

이는 다름 아닌, '배움과 익힘'에 관한 화두(話頭), 즉 학습철학의 제기에 해당한다.

**1**

모든 교육은 최초의 자연 교육인 태교(胎教)로부터 비롯한다. 제도적인 학교시설, 즉 현대의 유치원이나 초등학교에 들어가면서 시작되는 것이 결코 아니다.

그러기에 사주당이씨(師朱堂李氏, 1739~1821)의 『태교신기(胎教新記)』에는 다음과 같이 기록하고 있다.

아버지가 자식을 낳는 일과 어머니가 자식을 기르는 일과 스승이 제자를 가르치는 일은 동일하다. '부모사일체(父母師一體)'인가? 좋은 의사는 병이 들기 전에 미리 예방하고, 잘 가르치는 사람은 아이를 낳기 전에 가르친다. 그러므로 스승이 학교에서 10년을 가르쳐도 어머니가 뱃속에서 10개월 동안 아이를 기르는 것만 못하고, 어머니가 10개월을 기르는 일이 아버지가 하루에 낳는 일 같지는 못하다.

이런 인식에서 볼 때, 무엇이 중요한가? 최초의 근원! 교육이 이루어져야 하는 근본 지점이다. 그곳이 어디인가?

한나라 때 유향이 지은 『열녀전』에 다음과 같이 기록되어 있다.[6]

부인이 아이를 배었을 때는 다음과 같은 행동에 주의해야 한다. 잠을 잘 때는 옆으로 기울게 눕지 않는다. 앉을 때는 삐딱하게 모로

---

6) 古者. 婦人妊子. 寢不側. 坐不邊. 立不蹕. 不食邪味. 割不正, 不食. 席不正, 不坐. 目不視邪色. 耳不聽
淫聲. 夜則令瞽誦詩. 道正事. 如此則生子, 形容端正, 才過人矣.

앉지 않는다. 설 때는 한쪽 발로 서지 않는다. 냄새가 나거나 좀 이상한 음식은 먹지 않는다. 바르게 썰어지지 않은 고기는 먹지 않는다. 바르지 않은 자리에는 앉지 않는다. 휘황찬란한 색으로 치장한 화려한 물건은 눈으로 보지 않는다. 지나치게 시끄러운 소리는 귀로 듣지 않는다. 밤이 되면 감미로운 음악과 시를 듣는다. 바른 일에 대해 생각하는 기회를 가진다. 이와 같이 하면, 용모가 단정하고 재주가 보통 사람보다 뛰어난 아이를 낳을 수 있다.

## 2

교육은 '삶의 원 현상'이라고 한다. 그것은 삶 속에 교육이 배어 있고, 교육을 통해 삶이 지속된다는 의미와도 같다. 존 듀이(John Dewey, 1859~1952)의 표현대로 한다면, "교육은 삶 자체이다!", 또는 인생 "경험의 끊임없는 재구성이다!"

『예기』「내칙」에는 어린 시절 자녀 교육에 대해 이렇게 기록되어 있다.[7] 아이를 낳았을 때는, 아이를 제대로 돌볼 수 있는 보모(保姆)를 둔다. 보모는 반드시 너그럽고 여유가 있고, 인자하고 은혜로

---

7) 凡生子 擇於諸母與可者. 必求其寬裕慈惠溫良恭敬愼而寡言者, 使爲子師. 子能食食, 敎以右手. 能言, 男唯女兪. 男革, 女絲. 六年, 敎之數與方名. 七年, 男女不同席, 不共食. 八年, 出入門戶, 及卽席飮食. 必後長者, 始敎之讓. 九年, 敎之數日. 十年, 出就外傅, 居宿於外, 學書計. 衣不帛襦袴. 禮帥初. 朝夕, 學幼儀, 請肄簡諒. 十有三年, 學樂誦詩, 舞勺. 成童, 舞象, 學射御. 二十而冠, 始學禮. 可以衣裘帛, 舞大夏. 惇行孝悌, 博學不敎, 內而不出. 三十而有室, 始理男事. 博學無方, 遜友視志. 四十, 始仕. 方物出謀發慮. 道合則服從, 不可則去. 五十, 命爲大夫, 服官政. 七十, 致事. 女子十年, 不出. 姆敎婉娩聽從. 執麻枲, 治絲繭. 織紝組紃, 學女事, 以供衣服. 觀於祭祀, 納酒漿籩豆菹醢, 禮相助奠. 十有五年而笄. 二十而嫁. 有故, 二十三年而嫁. 聘則爲妻, 奔則爲妾.

우며, 온화하고 어질며, 공손하고 조심하며, 삼가고 말이 적은 사람이어야 한다. 그래야 아이를 보살피며 스승 노릇을 정상적으로 할 수 있다.

아이가 스스로 밥을 먹을 수 있게 되면, 손으로 수저를 잡고 먹을 수 있도록 가르친다. 말을 할 수 있는 시기가 되면, 남자아이는 강하고 빠르게 '넵!'이라고 대답하고 여자아이는 부드럽고 느리게 '예에!'라고 대답하도록 가르친다. 남자아이는 허리에 매는 띠를 가죽으로 하고 여자아이는 그 띠를 실로 만들어 매게 한다. 이는 오늘날로 보면 어린이집의 보육에 해당한다.

프랑스의 철학자 몽테뉴(Michel Eyquem de Montaigne 1533~1592)는 『수상록』에서 아이들의 교육에 대해 다음과 같은 견해를 피력하였다.

어린아이는 단순하게 부모님의 무릎 위에서만 키워서는 안 된다! 그것은 누구나 인정한다. 타고난 애정 때문에, 부모는 아이 앞에서 마음이 약해진다. 아무리 현명한 부모일지라도 그것은 인지상정(人之常情)이다. 부모가 마땅히 해야 할 일이지만, 부모는 아이가 잘못된 행동을 해도 때로는 징벌하지 못하고, 거칠고 위험하게 아이를 훈육하는 것을 그냥 보고 있을 수도 없다. 아이가 교육훈련에서 먼지를 뒤집어쓰고 돌아오는 것도, 지나치게 뜨겁거나 차가운 음식을 먹는 것도, 차마 보지 못한다. 왜? 어찌해볼 도리가 없기 때문이다. 훌륭한 인격체로 길러내려면, 어린아이일지라도 몸을 아껴서는 안 된다.

그러기에 호라티우스는 노래했다. '그를 대기(大氣) 속에, 그리고 불안(不安) 속에, 살아가게 하라!'

교육은 아이의 마음을 견고하게 만드는 작업으로만 충분하지 않다. 근육도 견고하게 만들어야 한다. 정신과 신체를 골고루 발달시켜야 한다. 정신이 신체의 도움을 받지 않을 경우, 일이 너무 벅차게 된다. 정신이 홀로 이쪽저쪽 모두를 보살피기가 힘겹기 때문이다.

교육에서 발생하는 다양한 수고를 참아내는 단련(鍛鍊)은 고통을 참아내는 수련(修練)이다. 키케로는 말했다. '노동은 고통을 통하여 피부를 강인하게 만든다!'

어린아이는 다양한 고통을 견뎌내도록, 정신과 육체를 단련시켜야 한다.

이하, 과거 전통 사회의 교육에 관한 모든 글에서 유의할 사항이 있다. 『소학』이 만들어진 시대는 '군주제(君主制) 농경(農耕)'이 중심을 이룬 사회이고, 현대의 교육은 '민주제(民主制) 정보통신기술(information technology)'이 핵심이 되는, 이른바 아이티(IT) 산업 사회이다. 이 엄청난 진보와 생활양식의 차이를 염두에 두고, 과거와 현대의 사유가 소통의 다리를 건너야 한다. 다시, 강조한다. 이 시대정신의 전환을 충분히 인지하고, 현대적으로 응용할 방안을 고심하시라!

과거 전통 사회에서는 연령대별로 아래와 같은 구체적인 교육이 진행된다. 6세가 되면, 숫자와 동서남북 등 방위의 명칭을 가르친다. 오늘날로 따지면, 유치원 교육에 해당한다. 7세가 되면, 남자아이와 여자아이가 자리를 함께 하지 않으며, 음식도 함께 앉아 먹지 않는다. 그 유명한 '남녀칠세부동석(男女七歲不同席)'의 시기이다. 오늘날로 보면 초등학교에 입학할 무렵이다. 8세가 되면, 문밖으로 출입할 때의 예절, 자리에 나아가는 예절, 음식을 먹을 때의 예절 등을 가르친다. 이때 반드시 어른의 뒤에 서고, 어른보다 나중에 음식을 먹는 등, 겸양의 태도를 기를 수 있게 한다. 9세가 되면, 날짜 세는 법을 가르친다. 오늘날로 보면 초등학교 저학년 수준이다.

이처럼 10세 전후까지는 남자아이나 여자아이 모두 집안에서 일상생활에 필요한 간략한 예의를 가르치고 배운다. 그러나 이후의 교육은, 오늘날로 보면 초등학교 고학년 수준에 이르게 되고, 교육의 내용이 다른 차원으로 전환된다.

먼저, 남자의 경우에는 다음과 같다. 10세가 되면, 집안에서 보모의 품에서 벗어나 바깥으로 나가게 된다. 흔히 말하는 서당(書堂)이나 학당(學堂)과 같은 학교에 나가 스승에게 배운다. 이전의 어릴 때와 달리 집안의 바깥에서 거처하고 잠자며, 글자와 글씨 쓰기 등의 육서(六書)와 셈하는 방법을 배운다. 본격적인 '지식' 교육의 단계로 들어가는 것이다. 의복은 지나치게 따스한 비단옷을 입어 졸음이 오게 해서는 안 된다. 요즘으로 따지면, 정장이나 명품 옷은 공부하는 데 방해가 될 수 있으므로 입지 않는다는 의미이다. 공부하기에 편안한 평상 옷을 입거나 작업복 차림이 제격일 수 있다. 예의는 기초 예절을 익히는 시기이다. 아침저녁에 어린이의 예의를 배우되, 간략하면서도 상식적인 내용을 몸에 배도록 익힌다.

13세 무렵, 오늘날로 비견했을 때 중학교 수준이 되면, 음악을 배우고 시를 외우며, 『시경』 「주송」의 문무(文舞)인 작시(勺詩)에 맞춰 춤추는 것을 배운다. 15세 무렵, 중학교 고학년 또는 고등학생 수준의 청소년이 되면, 『시경』 「주송」의 무무(武舞)인 상시(象詩)에 맞춰 춤추는 것을 배우며, 활 쏘는 방법과 말〔馬〕 다루는 방법을 배운다.

20세 무렵의 성인이 되면, 관례(冠禮)를 하여 본격적인 성인으로서의 예의를 배운다. 관례는 성년식 또는 성인식에 해당한다. 이때는 갖옷과 비단옷을 입고, 홍수를 잘 극복하고 하천의 물길을 바로잡아 나라를 잘 다스렸다는 우(禹)임금의 음악인 대하(大夏)를 익히고 그에 따라 춤추는 법을 배운다. 부모에게 효도하고 사회의 여러 어른을 공경하는 삶의 양식을 익히고, 다양한 지식을 널리 배우되, 그것을 다른 사람들에게 성급하게 가르치려고 덤벼들지 않으며, 내면에 아름다움을 쌓아가되 외면에 함부로 표현하지 않는다. 어른이 갖춰야 할 기본 예의를 배우고 익히는 시기이다.

동일한 교육 내용이나 방식은 아니지만, 고대 부족 국가 시대의 성년식에는 집을 짓는 축실행위(築室行爲)가 뒤따랐다. 이는 성년식에 필요한 집회 장소나 공동숙소를 직접 짓는 것으로 생각된다. 20세 전후에 이른 예비 성년들은 보통 부모 형제와 한동안 격리 생활을 해야 하므로 공동 숙사가 필요했던 것이다. 성년식은 그 사회의 한 사람으로서 필요한 생식, 교육, 전투, 노동 등의 능력을 시험하여, 어른으로서 자격 여부를 결정했다.

이 성인식 또는 성년식은 다음과 같은 의의를 지닌다. 첫째, 부모로부터 자립한다. 둘째, 집단적으로 격리되어 육체적 시련을 받는다. 그리하여 전사(戰士)로 육성된다. 셋째, 조상신을 숭배하며 가사(假死) 상태에서 재생(再生)한다. 넷째, 성인(成人)으로서의 습관, 법도, 지식을 전달받는다. 다섯째, 연장자를 존경하며 사회질서를 지킨다. 여섯째, 청년집회소에서 공동수련 생활을 하면서 성적(性的) 자유가 허용되기도 한다. 일곱째, 할례(割禮), 문신(文身), 발치(拔齒) 등 신체 가공을 한다.

이와 같은 모든 조건을 갖추는 것이 고대 부족 국가 단계에서 보여주는 성인으로서의 교육과정이다. 이러한 성년식은 교육적으로 상당한 의의가 있다.

첫째, 사회생활의 교육이다. 젊은이는 여러 상해를 받음으로써 고통을 참는 것을 배우고, 버려짐과 결핍으로 어려움과 기아를 배우고, 집행자에게 복종함으로써 성인에 대한 복종과 존경을 배운다. 이는 그 사회의 도덕 윤리적 가치를 획득하는 과정이다.

둘째 실용적 교육이다. 실용교육은 의식과 연관된 많은 활동의 실제적 의미 속에서 발견된다. 동물을 잡는 방법, 식사를 준비하는 방법, 실제적 가치를 갖는 여러 절차를 배운다.

셋째, 종교교육이 내포되어 있다. 의식 집행자의 신체에 그려진 토템 표식을 통해, 그 부족의 역사와 전통을 말하고 있다. 따라서 그들의 정치, 사회질서, 학문 및 종교를 구성하는 혈연 사회의 복잡한 관계가 단적으로 드러나 있다.

이처럼 고대 사회에서의 성년식은 청소년들에게 일정한 신체적 고통과 시련을 극복하게 하여, 이들이 자신이 소속된 사회 집단의 생활양식에 대한 지혜를 배우고, 동일화를 이루게 한다.

『소학』의 20대 성인 교육은 이런 내용을 지식으로 전환한, 지성이나 지도성을 갖출 수 있는 성인 교양 교육의 차원으로 이해할 수 있다.

30세가 되면, 결혼하여 아내를 두고, 남자로서 해야 할 일을 한다. 널리 배우되 하나의 전공에만 매몰되지 않으며, 친구와 동료에게 공손히 하되, 소속된 공동체의 분위기와 지향하는 바를 살핀다.

40세가 되면, 지금까지 배운 인간으로서 또는 공인으로서의 자세와 정치적 역량을 펼치기 위해 관직에 나아간다. 공직자로서 어떤 일을 하게 될 때는 반드시 그에 부합하는 정책적 아이디어를 제시하고 생각을 펼친다. 도리에 합당하면 열심히 일하고, 일을 할 수 없는 상황이면 관직을 그만두고 떠나간다.

50세가 되면, 지도급 인사가 되어 중앙정부나 지방자치단체 등 주요 기관의 업무를 주관한다.

70세가 되면, 공직에서 물러나 후배 지도자들에게 일을 맡기고 퇴직한다.

여자의 경우, 맡은 임무나 역할의 분별과 구분이 뚜렷한 시대였던 만큼, 당시 여성에게 적합하다고 인정된 삶의 길을 교육한다.

10세가 되면, 여자는 남자와 달리 집 밖에 나가지 않는다. 대신, 스승에게 별도의 교육을 받는다. 이때 스승은 여성이다. 여자아이는 말을 상냥하게 하고 용모를 부드럽게 하여, 어떤 일이 부여되면 그것을 듣고 따를 수 있도록 교육한다. 누에고치에서 실을 뽑는 방법, 비단을 짜고 둥근 끈을 짜서 의복을 장만할 수 있는 능력을 기른다. 또 조상들의 제사에 필요한 술과 식초, 그릇, 김치와 젓갈 등을 마련하여 어른을 도울 수 있도록, 집안에서 필요한 예의를 가르친다.

15세가 되면, 비녀를 꽂는 예식을 한다. 이른바 성년식이다.

20세가 되면, 결혼한다. 그런데 부모가 돌아가시거나 집안에 큰일이 있을 때는, 집안일을 마무리하고 3년 후인 23세 무렵에 결혼한다. 결혼할 때의 품격도 다르다. 예의를 제대로 갖추어 결혼하게 되면 '처(妻)'가 되고, 여러 가지 형편상 예의를 제대로 갖추지 못하고 그냥 남성을 따라가면 '첩(妾)'이 된다.

### 3

어린아이 시절, 교육의 맨 앞자리에 놓아야 할, 중요한 삶의 자세가 있다. 바로 '사람을 속이지 않는 태도'이다. 기만(欺瞞)에 대한 엄금! 그것은 '거짓말'을 하지 않도록 엄격하게 교육하거나 '속임수'나 '가짜', 또는 '거짓'을 만들어 내지 않으려는 노력이다. 동시에 자신이 가야 할 '방향 설정'이나 다른 사람의 말을 귀담아듣는 '경청'의 자세도 필수적으로 가르쳤다.

그러기에 『예기』「곡례」에는 이렇게 기록되어 있다.[8]

부모는 어린 자식에게 항상 '속이지 않는 생활 태도'를 보여주어야 한다. 일어설 때는 반드시 어느쪽을 보면서 설 것인지 방향을 똑바로 하고, 사람의 말을 들을 때는 삐딱한 마음 자세로 제대로 듣지 않거나 다른 곳에 귀를 기울여 듣지 않아야 한다.

### 4

교육에의 관심은 동서고금을 막론하고 '공동체의 지속'을 위한 중요한 대사업이었다. 그러므로 오랜 옛날부터 각종 학교가 다양하게 설립되었다.

---

8) 幼子, 常視毋誑. 立必正方, 不傾聽.

『예기』「학기」에는 다음과 같이 기록되어 있다.[9]

옛날 나라가 융성하였을 때는 사람들을 가르치는 교육기관이 전국 곳곳에 있었다. 25가구 정도의 마을에는 숙(塾)이 있었고, 500가구 규모의 당(黨)에는 상(庠)이 있었으며, 2,500가구 규모의 주(州)에는 서(序)가 있었고, 나라의 서울에는 학(學)이 있었다.

이런 사실은 그만큼 마을이나 읍면, 시군구, 나라 전체가, 지역 단위별로 그 공동체에 속한 사람을 교육하는 일이 중요하다는 사실을 시사한다.

## 5

톨스토이의 단편 소설에 「사람은 무엇으로 사는가」라는 의미심장한 이야기가 있다. 내용의 핵심은 인간의 삶에서 무엇이 중요한지를 깨닫는 일과 연관된다. 주지하다시피, 주인공은 세 가지 사실을 깨닫고 깨우친다. '사람의 마음속에는 사랑이 있다! 그런데 사람에게는 자신이 무엇을 필요로 하는지 알 수 있는 능력이 주어지지 않았다! 그래도 결국 사람은 사랑으로 산다!' 여기에서 '사랑'이란 무엇일까? 분명, 남녀 간, 이성 사이의 사랑은 아니다.

『맹자』「등문공」상에 이런 말이 있다.[10] 사람에게는 사람답게

---

9) 古之敎者, 家有塾, 黨有庠, 術有序, 國有學.

10) 人之有道也, 飽食暖衣, 逸居而無敎, 則近於禽獸. 聖人, 有憂之, 使契爲司徒, 敎以人倫. 父子有親, 君臣有義, 夫婦有別, 長幼有序, 朋友有信.

살아가야 할 길이 있다. 그 길이 사랑일까? 사람이 배불리 먹기만 하고 따뜻하게 입기만 하며 편안하게 살기만 하면서, 배우고 익혀나가는 교육적 상황이 없으면, 그 삶은 짐승과 유사한 생활이 될 뿐이다. 즉 의식주를 중심으로 하는 물질주의에 빠져 즐기기만 한다면, 인간의 삶이 아니다! 그러므로 옛날부터 지도자들이 이런 상황을 근심하여, 교육을 담당하는 관직을 설치하고 스승을 통해 사람들에게 인륜(人倫)을 가르치게 하였다. 인간사회에는 짐승의 무리와는 다른 도덕이 있다. 윤리가 있다. 질서가 있다!

그것은 부모와 자식 사이에는 혈육으로서의 친밀함이 있어야 하고, 조직의 지도자와 구성원 사이에는 서로 지켜야 할 의리가 있어야 하며, 남편과 아내 사이에는 서로 맡은 역할 분담이 있어야 하고, 어른과 아이 사이에는 상황에 맞게 지켜야 할 차례가 있으며, 친구 사이에는 서로 믿고 의지할 신뢰가 있어야 하는 것이다.

이것이 사람에게 필수적인 다섯 가지 윤리, 이른바 오륜(五倫)이다. 이 오륜이 사랑인 것은 아닐까?

# 6

태초의 공식적인 교육담당관, 즉 스승의 등장은, 기록상 중국 고대의 최초 국가라고 하는 하(夏)나라가 수립되기 이전이었다. 추측하건대, 요(堯)임금 이후 순(舜)임금 시기, 부족 국가 단위에서 그 틀을 잡기 시작한 것으로 보인다.

『서경』「순전」에 이런 기록이 있다.[11]

순임금이 교육 담당 관직인 설(契)에게 당부하였다.

"사람들이 서로 친하지 않고, 사람의 도리를 제대로 인식하지 않고 있습니다. 이에 당신을 교육담당관으로 임명하니, 사람에게 필수적인 윤리를 잘 가르쳐 사람들이 잘 살 수 있는 분위기를 조성해 보시오."

이어서 순임금은 음악 담당 관직인 기(夔)에게 부탁하였다.

"사람들이 서로 화합할 수 있도록 전 국민적 음악을 한번 제정해 보시오. 최고위급 지도자의 자식들을 신분에 부합하는 수준으로 가르쳐 주세요. 곧으면서도 온화하며, 너그러우면서도 엄숙하며, 강하면서도 사나움이 없으며, 간략하면서도 오만함이 없도록 해 보시오. 음악에서 가사인 시는 뜻을 말한 것이고, 곡조는 말을 길게 읊는 것이며, 노랫소리는 길게 읊조림에 따르는 것이고, 음정은 읊조리는 소리를 조화시키는 것입니다. 이렇게 사람들이 잘 어울려 서로의 자리를 빼앗지 않아야 세상 사람이 제대로 화합할 수 있을 것입니다."

---

11) 舜命契曰, 百姓不親, 五品不遜. 汝作司徒, 敬敷五教, 在寬. 命夔曰, 命汝典樂. 敎胄子, 直而溫, 寬而栗, 剛而無虐, 簡而無傲. 詩, 言志. 歌, 永言. 聲, 依永. 律, 和聲. 八音克諧, 無相奪倫, 神人以和.

**7**

교육은 가정이나 학교에서만 구현되는 사업이 아니다. 그 좁은 의미의 교육을 넘어, 인간이 동시 거주하는 모든 공간은 교육의 장 (場: field)이 된다. 소규모의 단체에서 대규모의 기관에 이르기까지 공동체 사회의 질서를 확립해야 하는 모든 곳에 존재한다.

『주례』에 다음과 같은 기록이 있다.[12]

중앙에 재직하는 공직자가 지방에 있는 훌륭한 사람을 등용하려고 할 때, 지방으로 내려가서 아래의 세 가지 일을 기준으로 지방 사람들을 가르치고 우수 인재를 뽑았다.

첫째, 지혜, 포용력, 맑은 영혼, 정의감, 충실함, 화합력 등, 여섯 가지 훌륭한 인성을 갖춘 인물

둘째, 부모에게는 효도, 형제자매 사이에는 우애, 친가나 외가를 막론하고 친척 사이에는 화목, 사람 사이에는 상호 신뢰, 사회적 약자에 대해서는 배려하는, 여섯 가지 훌륭한 행실을 실천하는 인물

셋째, 예의, 음악, 활쏘기, 말[馬] 부리기, 글 하기, 셈 하기 등, 여섯 가지 삶의 기예에 능숙한 인물.

동시에, 지방에서 죄를 저지르는 경우, 여덟 가지 형벌로 사람을 다스렸다.

__첫째, 불효를 저지를 때__

12) 大司徒, 以鄕三物, 敎萬民而賓興之. 一日, 六德, 智仁聖義忠和. 二日, 六行, 孝友睦□任恤. 三日, 六藝, 禮樂射御書數. 以鄕八刑, 糾萬民. 一日, 不孝之刑. 二日, 不睦之刑. 三日, 不□之刑. 四日, 不悌之刑. 五日, 不任之刑. 六日, 不恤之刑. 七日, 造言之刑. 八日, 亂民之刑.

둘째, 친족 사이에 화목하지 않을 때

셋째, 이성 사이에 화목하지 않을 때

넷째, 사람들 사이에 서로 공경하지 않을 때

다섯째, 친구 사이에 신뢰하지 않을 때

여섯째, 사회적으로 어려운 사람을 구제하지 않을 때

일곱째는 쓸데없이 유언비어나 가짜 뉴스를 유포하는 등 말을
함부로 만드는 때

여덟째, 사람들 사이의 질서를 어지럽힐 때

그에 합당한 형벌을 내린다.


## 8

모든 일이 그러하듯이, 육하원칙(六何原則: 5W1H: who, when, where,
what, why, how)이 사안의 경중을 가늠질 한다. 교육도 마찬가지다. 누
가, 언제, 어디서, 무엇을, 왜, 어떻게 구현했는지가 사업의 성패를 결
정지을 수도 있다. 특히 '방법(method)'의 문제는, 흔히 '노하우(know-
how)'라고 말하듯이, 어떤 일을 처리하는 구체적 힘이 되기도 한다.

『예기』「왕제」에 이렇게 기록되어 있다.[13]

지도층 인사인 악정이라는 사람이, 인간사회를 가르칠 방법을 고
안하여 가르침의 기준을 마련하였다.

인간사회의 문학과 역사와 철학, 그리고 예술적 내용을 담은 『시

_____
13) 樂正, 崇四術, 立四敎. 順先王詩書禮樂, 以造士. 春秋, 敎以禮樂, 冬夏, 敎以詩書.

경』·『서경』·『예기』·『악경』을 공부하게 만들어서, 사람들에게 실제로 도움을 줄 공직자를 양성하라!

경전 내용의 특성상, 기후의 분위기에 맞게 봄과 가을에는 『예기』와 『악경』을 가르치고, 겨울과 여름에는 『시경』과 『서경』을 가르쳐라.


## 9

과거 전통 사회에서는 교육의 주체가 스승이었고, 객체인 대상자는 제자였다. 따라서 스승이 제자를 가르칠 때, 제자의 학업 태도가 교육을 좌우할 정도로 중요하였다.

『관자』「제자직」에는 그 과정이 다음과 같이 기록되어 있다.[14]

스승이 교육할 때, 제자는 이를 본받아 온순하고 공손하게 겸허한 자세로, 스승에게서 전해 받은 내용을 실천할 수 있도록 최선을 다해야 한다.

착한 일을 보면 즉시 따르고, 올바른 일에 대해 들으면 상황에 맞게 실천하며, 온화하고 유순한 태도로 효도하며 공손한 자세로 매사를 처리해야 한다. 특히, 교만에 빠지거나 자기의 힘을 믿고 자랑해서는 안 된다.

---

14) 先生施教, 弟子是則, 溫恭自虛, 所受是極. 見善從之, 聞義則服, 溫柔孝弟, 毋驕恃力. 志毋虛邪, 行必正直, 游居有常, 必就有德. 顏色整齊, 中心必式. 夙興夜寐, 衣帶必飭. 朝益暮習, 小心翼翼. 一此不懈, 是謂學則.

마음에 둔 뜻은 헛되고 간사하지 않아야 한다.

행실은 반드시 바르고 곧게 해야 한다.

놀고 거처함에 항상 지향하는 곳이 있어야 한다.

반드시 인격을 갖춘 사람을 만나서 배워야 한다.

낯빛을 반듯하게 하여 경건한 마음으로 임해야 한다.

아침에 일찍 일어나고 밤늦게 자며, 평소에 옷과 띠를 반드시 단정하게 해야 한다.

아침부터 부지런히 배우고 저녁 무렵에는 다시 익혀 마음을 다잡고 일깨워야 한다.

이렇게 항상 게을리하지 않는 생활 태도를 '배움의 철학'이라고 한다.

「제자직」에서는 윗글을 이어서 구체적인 행동 요령들을 자세하게 명시한다. 현대의 학교 구조와 생활상과는 다른 측면이 많지만, 과거 학생들이 스승과 함께 기숙하며 배우는 자세를 엿볼 수 있는 중요한 자료이기에 전반적인 제자의 행동을 제시해 본다.

학생이 해야 할 당연한 일은 밤늦게 자고 일찍 일어나는 것이다. 잠자리에서 일어나 자리를 청소한 뒤, 세수하고 양치질하며, 맡은 일을 차분하게 실천한다. 복장을 단정히 하고, 세숫물을 받들고 선생님이 일어나기를 기다린다. 선생님이 세수 마치기를 기다렸다가 세숫물을 치우고, 숙소와 강의실을 청소하고, 공부할 자리를 정돈한 뒤, 선생님이 앉기를 기다린다. 선생님 앞에서 출입할 때는 공경히 하여, 아주 조심스럽게 조용히 움직인다. 공부할 때는 바르게 앉아 선생님을 쳐다보며, 용모와 안색을 단정히 하고, 함부로 돌아다니며 자리를 바꾸지 말아야 한다.

학생이 선생님을 따라 배우는 순서는 반드시 연장자부터 시작한다. 첫 번째는 그렇게 하고, 그 뒤로는 그렇게 하지 않는다. 처음 선생님을 따라 암송할 때는 반드시 일어서고, 그 뒤에는 그렇게 하지 않는다. 말과 행동은 사안에 맞게 해야 한다. 옛날에 학업을 이루려는 사람은 반드시 이렇게 시작했다. 늦게 온 사람이 자리에 갈때는 곁에 앉은 사람은 일어나 길을 양보해야 한다. 손님이 찾아오면 학생은 재빨리 일어난다. 손님을 대할 때는 냉담한 태도로 하지 말고, 한편으로 응대하고 한편으로 수행하며, 빨리 나아가 선생님의 지시를 받는다. 손님이 찾는 사람이 자리에 없어도 반드시 돌아오면 알려주고, 되돌아가 공부를 계속한다. 의심나는 사항이 있으면 공손하게 질문한다. 선생님이 나갈 때는 모두 일어난다.

식사 때가 되어 선생님이 식사하려거든 학생이 밥과 반찬을 올린다. 복장을 단정히 하고 세수하고 양치질한 뒤, 꿇어앉아 선생님에게 음식을 올린다. 간장을 놓고 음식을 차릴 때 법도를 어기지 말아야 한다. 선생님에게 식사 올리는 순서는, 닭고기나 생선과 같은 반찬에는 반드시 나물국을 먼저 올린다. 고깃국은 중앙에 놓고, 삶은 고기는 간장 앞에 놓아 상을 가지런히 차린다. 밥은 마지막으로 올리고, 왼쪽과 오른쪽에는 술과 음료를 놓는다. 상차림을 끝내면 물러나 손을 모으고 한쪽에 서 있는다. 기다리면서 세 주발의 밥과 두 국자의 술을 준비한다. 왼손에는 빈 그릇, 오른손에는 수저를 들고, 식탁을 돌면서 밥과 술을 첨가한다. 그릇이 비는 것을 살펴서 나이 순서대로 첨가해 준다. 한 바퀴 돌고 난 뒤 다시 시작하며, 주걱 자루를 쥐고 추가로 드리되 꿇어앉지 않는다. 이것이 술과 음식을 올리는 식사법이다. 선생님이 식사를 끝내면 제자는 곧 상을 물린다. 그런 다음 재빨리 양치할 물을 올리고, 자리를 청소하며, 고수레한 음식들을 치운다.

선생님이 '식사하라!'고 얘기를 하면 그때부터 학생들이 식사한다. 나이 순서대로 자리를 잡고, 자리는 반드시 다 채운다. 밥그릇은 반드시 손으로 들고, 국은 손으로 들지 않는다. 또한 손을 무릎에 놓거나 팔꿈치를 기대지 않는다. 먹고 나서 배부르면 손으로 입술 주위를 닦는다. 옷자락을 걷고 자리를 청소하며, 식사가 끝난 사람은 일어나 옷자락을 들고 자리를 떠난다. 돌아와서 자리에 앉아 각각 남은 반찬을 치우는데, 손님을 대접할 때와 같이한다. 상을 물린 뒤 식기를 치우고, 돌아와 자리에 선다.

청소하는 방법은, 대야에 물을 담고, 소매와 팔꿈치를 걷고서 마루 위는 물을 뿌리고, 강의실과 숙소 안은 두 손으로 물을 움켜쥐고

뿌린다. 쓰레받기를 잡고서 그 안에 쓸어 담는다. 문을 나설 때 지체하지 말고 자세를 흐트러뜨리면 안 된다. 빗자루를 잡고 쓰레받기를 내려 문 옆에다 기대어 놓는다. 청소하는 순서는 반드시 서남쪽 구석부터 시작한다. 허리를 펴거나 굽히면서 구석구석을 청소하는데, 청소할 때는 크게 움직이지 않는다. 뒤로 나아가며 앞쪽을 청소하고, 쓰레기를 문 귀퉁이로 모은다. 무릎을 꿇고 앉아서 쓰레기를 쓸어 담는데, 쓰레받기 입구를 자기에게 향하게 하고 비질하여 담는다. 선생님이 청소하려고 나서면 사양해야 한다. 쓰레받기를 잡고 일어서서 밖에 나가 쓰레기를 버린다. 청소가 끝나면 돌아와 손을 모으고 서는데, 이것이 청소하는 법도이다.

저녁 식사는 아침 식사와 청소할 때의 예절과 같이 한다.

황혼 무렵에는 횃대에 불을 붙여 학생이 잡고서 방 한구석에 앉는다. 불피우는 나무를 두는 방법은 선생님이 앉아 계신 곳과 가로로 두고, 불타고 남은 길이를 봐서 끊이지 않게 불을 붙이며, 새로 가져올 나무도 그와 같이 둔다. 나무들 묶음 사이에는 한 묶음을 둘 공간을 남긴다. 타고 있는 나무에 타다 남은 재를 담는다. 오른손으로 횃불을 잡고, 왼손으로 남은 재를 정돈한다. 피곤하여 다른 사람과 횃불을 교대하려면 앉아서 바꾸는데, 스승에게 등을 돌리지 말아야 한다. 마지막까지 남은 재는 모아서 문밖에 버린다.

선생님이 주무시려고 하면 제자들은 모두 일어난다. 삼가 베개와 자리를 받들고, 발을 어디로 두실지 여쭙는다. 잠자리가 정돈되면 마음에 드는지 여쭈고, 제대로 되었으면 여쭈지 않는다.

선생님이 주무시면 각자 벗과 함께 그날 배운 내용들을 논의하며 제각기 지성을 기른다. 위의 항목들을 두루 공부하여 게을리하지 않는 일, 이를 학생들이 공부하는 도리라고 한다.

현대적 시선으로 보면, 너무나 엄격하고, 전혀 현실성이 없는 이상한 행동처럼 보일 수도 있다. 어찌 보면 학생의 인권을 침해하는 내용에 가까운 행동도 있다. 그러나 현대의 학교 건축과는 전혀 다른, 과거 전통 사회의 학교라는 공통 공간에서, 스승과 제자가 함께 기숙하며 공부하는 모습을 떠올리면, 그들의 교육 양식을 이해할 수 있다.

공부를 하거나 식사를 하거나 청소를 하거나, 어떤 행위가 되었건, 요지는 스승과 학생 사이의 존중과 공경, 스승에 대한 신뢰 등 교육을 추동하는 최상의 힘이 부여되어 있다는 점이다.

## 10

『논어』「학이」에 이런 말이 있다.[15]

청소년들은 가정에 들어가서는 효도하고, 사회에 나와서는 사람들을 존중해야 한다. 자기의 행실을 삼가고 말을 미덥게 하며, 주변

---

15) 弟子入則孝, 出則弟, 謹而信, 汎愛衆, 而親仁. 行有餘力, 則以學文.

의 여러 사람을 사랑하되 포용력 있고 착한 인성을 지닌 사람과 친하게 지내야 한다.

이런 일을 평소 행동으로 보여주어라!

그런 다음에도 남은 시간이 있으면, 평소 훌륭한 행실을 바탕으로 사람들의 다양한 경험이 담겨 있는 글을 배워야 한다.

이 마지막 말이 무섭다. '행유여력(行有餘力), 즉이학문(則以學文)!' 평소에 사람다운 행동을 하고도 여유가 있거든 글을 배워라! 지식이 먼저가 아니라, 평소의 도덕적 행위가 우선이다.

공자는 심각하게 주문한다! 인생의 전 과정에서, 글공부 이전에 정말 중요한 부분이 무엇이냐! 그것은 바로 '살아가기를 지속할 수 있도록 힘을 주는 덕목'이다. 효도, 우정, 신중함, 신뢰, 개방적 태도, 포용력 등이다. 인생을 살아가면서 상식적인 윤리조차도 지키지 못하는 상황에서 글공부만 해 보라! 어떤 현상이 벌어지겠는가? 사람으로서 제 구실을 하겠는가? 상당한 지식을 소유하여 그것을 활용하는 일은 잘할 수 있겠지. 그러나 인간미 넘치는 사람으로 성장할수 있겠는가!

## 11

『논어』「태백」에 이런 말이 있다. [16]

'시'를 배워 마음의 정서를 돋우자. '예의'를 익혀 공동체 사람들

---

16) 興於詩, 立於禮, 成於樂.

과 더불어 지내자. '음악'을 통해 함께 즐기며 살자!

유학은 '시서예악(詩書禮樂)'으로 덕성을 함양하도록 권장한다. '시'
는 인간사회를 감화시키고 의지를 고무하여 착한 마음을 불러일으
킨다. '예의'는 인간의 행위를 단속하며, 듣고 말하고 행동하는 여러
측면을 법도에 맞게 하여 자립할 수 있도록 인도한다. '음악'은 인간
의 성정(性情)을 함양하여 고상하고 완전한 사람을 만드는데 기여한
다. 이 세 가지는 인간의 품격을 살찌우는 삶의 구조적 상징이다. 이
를 통해 인간은 자신의 책무성을 인식하며 본분을 수행한다.

## 12

『예기』「악기」에 이렇게 기록되어 있다.[17]

'예의'와 '음악'은 잠시라도 인간의 몸을 떠나서는 안 된다! 늘 몸
에 배어들도록 하여 삶의 활력이 되어야 한다.

왜냐하면 인간의 삶에서 예의는 사람 사이의 관계를 구분해 주
고, 음악은 사람 사이의 관계를 화합하게 만드는 장치이기 때문이
다. 예의는 '분(分)'의 논리에서 인간의 역할과 책무성을 구분해 주
고, 음악은 '합(合)'의 논리에서 사회의 통합과 책무성을 조화롭게 만
든다. 다시 말하면, 개인과 사회의 기능적 측면에서, 각자 나누어진
개인의 임무를 처리하는 동시에 공동체가 추구하는 사회의 책무를
고려하는 작업이다. 여기서는 개인의 이익만을 또는 사회적 책무만

17) 禮樂, 不可斯須去身.

을 강요해서는 곤란하다. 그 둘의 조화를 위한, 주장과 협의, 권리와 의무, 양보와 배려가 필수적이다. 이 과정에서 교육은 인간사회 '분(分)-합(合)' 통일성의 원리를 인식시키는 유용한 사업이다.

## 13

『논어』「학이」에 이런 말이 있다.[18]

포용력이 있고 사랑하는 마음씨를 지닌 사람을 존경할 때는 좋은 일을 보고 낯빛을 바꾸는 것처럼 그 이상으로 하라. 부모를 모실 때는 있는 힘을 다하라. 자신이 속한 조직의 지도자를 섬길 때는 조직을 위해 헌신하라. 친구와 사귈 때는 주고받는 말에 충실하며 신뢰가 가도록 하라.

이렇게 훌륭한 인성을 지닌 사람이라면, 형식적으로 많은 교육을 받지 못하고 배우지 못했다 하더라도, 어떤 사람보다 제대로 배운 사람이 아닐까?

인간다움은 단순하게 학력(學歷)의 문제로 재단할 수 있는 사안이 아니다. 예를 들어, 초·중등학교를 졸업한 사람이 대학이나 대학원에서 학위를 받은 사람에 비해 인간답지 못하다고 단정할 수 없다! 사람다움의 문제는 형식적 학력주의가 아니라 실질적 도덕주의에 기초한다. 많은 교육을 받고 객관적 지식을 얼마나 확보했느냐가 아니라 일상생활에서 어느 정도의 도덕성을 갖추고 올바르게 살아

18) 賢賢易色. 事父母, 能竭其力. 事君, 能致其身. 與朋友交, 言而有信. 雖曰未學, 吾必謂之學矣.

가느냐에 달려 있다. 인간사회는 박학다식한 냉철한 지식분자를 넘어 순진무구한 온화한 인격자를 갈망한다.

# 제3장 인간의 도리를 밝힘

제3장은 『소학』 「내편」에서 '명륜(明倫)'의 내용을 정돈한 것이다.

'명륜'은 사람으로서 갖추어야 할 도덕적 덕목, 이른바 '윤리를 밝힌다'라는 말이다. 인간이 사람다움에 부합하는 도덕을 실천하려면, 먼저, 그 윤리의 내용이 무엇인지를 명확하게 아는 것이 중요하다.

유학에서 윤리는 크게 다섯 가지 규범으로 분류하고 있다. 그래서 '오륜(五倫)'이라고 한다. 주지하다시피, 오륜은 '부자유친(父子有親), 군신유의(君臣有義), 부부유별(夫婦有別), 장유유서(長幼有序), 붕우유신(朋友有信)'이다. 덕목의 끝 글자를 따서 '친의별서신(親義別序信)'이라고도 한다. 개인윤리를 비롯하여 가정-사회-국가에 이르기까지, 포괄적인 내용을 담고 있다.

인간사회에서 다양한 양상으로 펼쳐지는 오륜을 정확하고 합당하게 이해하기 위해, 옛날부터 오륜을 교육의 목적으로 정하고, 학교에서 끊임없이 교육해 왔다. 현대적 의미에서 보면 윤리교육이나 도덕교육의 형태에 가깝다.

## □ '부모-자식' 사이의 윤리

### 1

　부자유친(父子有親)! 이는 사람들에게 상당히 잘 알려진 덕목 가운데 하나이다. 그런 만큼 '문자 그대로' 해석해서는 곤란하다! 즉 '아버지와 아들 사이에는 친함이 있다!'라는 식의 풀이는, 자칫하면 '남성 중심주의'적 사유에 빠져 여성을 폄하거나 오해를 불러일으킬 수 있다. '부(父)'라고 했을 때, 이는 단순히 '아버지'만을 의미하는 것이 아니라 '어머니'인 '모(母)'를 요청하여 포함하는 상징으로 보아야 한다. '자(子)'도 마찬가지이다. 이는 '아들'만을 의미하는 것이 아니라 '딸'을 포함하는 '자식'의 개념이다. '음양(陰陽)' 이론을 굳이 도입하지 않더라도, '부자(父子)'는 '부모-자식' 관계로 이해하는 것이 정당하다.

　부모와 자식 사이의 관계는 『예기』「내칙」에 이렇게 기록되어 있다.[19] 현대적 시각에서 보면, 과거와 생활양식이 너무나 달라진

---

19) 子事父母. 鷄初鳴, 咸盥漱, 櫛縰笄總, 拂髦冠緌纓, 端韠紳, 搢笏, 左右佩用, 偪屨著綦. 婦事舅姑, 如事父母. 以適父母舅姑之所, 及所, 下氣怡聲, 問衣燠寒, 疾痛苛癢, 而敬抑搔之, 出入則或先或後, 而敬扶持之. 進盥, 少者, 奉槃, 長者, 奉水, 請沃盥, 盥卒授巾. 問所欲而敬進之, 柔色以溫之, 父母舅姑, 必嘗之而後, 退. 男女未冠笄者, 鷄初鳴, 咸盥漱, 櫛縰, 拂髦, 總角, 衿纓, 皆佩容臭, 昧爽而朝, 問何食飮矣. 若已食則退, 若未食則佐長者視具. 凡內外鷄初鳴, 咸盥漱, 衣服, 斂枕簟, 灑掃室堂及庭, 布席. 各從其事. 父母舅姑, 將坐, 奉席請何向. 將衽, 長者. 奉席請何趾, 少者, 執牀與坐. 御者, 擧几, 斂席與簟, 懸衾篋枕, 斂簟而襡之. 父母舅姑之衣衾簟席枕几, 不傳. 杖屨, 祗敬之, 勿敢近. 敦牟巵匜, 非餕, 莫敢用. 與恒飮食, 非餕, 莫之敢飮食. 在父母舅姑之所, 有命之, 應唯敬對. 進退周旋, 愼齊. 升降出入, 揖遊. 不敢噦噫嚔咳欠伸跛倚睇視, 不敢唾洟. 寒不敢襲, 癢不敢搔, 不有敬事, 不敢袒裼, 不涉不撅, 褻衣衾, 不見裏. 父母唾洟, 不見, 冠帶垢, 和灰請漱, 衣裳垢, 和灰請澣, 衣裳綻裂, 紉箴請補綴. 少事

만큼, 이해하기 힘든 부분도 많다. 이는 다양한 차원에서 재해석하여 새롭게 적용할 필요가 있다.

과거 전통 사회에서 결혼한 자식이 부모를 모시는 하루의 모습은 다음과 같다.

새벽 5시쯤, 닭이 울면 잠자리에서 일어나 세수하고 양치질하며, 머리를 빗어 단정하게 다듬는다. 그리고 옷을 점잖게 차려입고 깨끗한 신발을 신는다.

시집온 며느리가 시부모를 모시고 있을 때는 시부모를 친정 부모 모시듯이 하되, 자식이 부모를 모시는 것처럼 한다. 옷을 깨끗하게 차려입은 후, 자식과 며느리는 부모와 시부모가 계신 곳에 나아간다. 계신 곳에 이르러서는 기운을 차분하게 가라앉히고 소리를 부드럽게 하여, 입고 있는 옷이 따뜻한지 어떤지를 여쭈고, 간밤에 몸이 아프거나 불편한 사항은 없었는지 여쭈어본다. 혹시 가려움증이 있으면 그곳을 긁어드리고, 방에서 나가거나 바깥에서 들어오면 앞서기도 하고 뒤서기도 하면서 보조를 맞춰 공손히 부축하고 붙들어 드린다.

세수할 물을 올릴 때는 자식 가운데 나이가 적은 동생은 대야를 들고, 나이가 많은 형은 대야에 물을 부어 세수할 수 있도록 준비한다. 세수를 마치면 얼굴을 닦을 수 있도록 바로 수건을 드린다.

---

長, 賤事貴, 共帥時.

드시고 싶어 하는 음식이 무엇인지 여쭈어 보고, 공손히 올린다. 이때 얼굴빛을 온순하게 하여 받들어 모시고, 부모와 시부모가 반드시 맛있게 드시는 것을 보고 난 다음에 물러 나온다.

결혼하지 않거나 성년이 되지 않은 자식들은 새벽 5시쯤, 닭이 울면 잠자리에서 일어나 세수하고 양치질하며, 머리를 빗어 단정하게 다듬는다. 그리고 옷을 점잖게 차려입고 깨끗한 신발을 신는다. 먼동이 틀 무렵에 부모를 뵙고, 드시고 싶어 하는 음식이 무엇인지 여쭈어본다. 이미 음식을 드셨으면 물러 나오고, 아직 드시지 않았으면 결혼한 형제들이 음식 장만하는 일을 도와준다.

집안일을 도와주는 하인들의 경우, 그 집안에서 살건 집 밖에서 살건 관계없이, 모두가 5시쯤, 닭이 울면 잠자리에서 일어나 세수하고 양치질하고 옷을 입고 잠잘 때 베었던 베개와 대자리를 걷는다. 마당과 뜰에 물을 뿌리고 빗자루로 쓸고 난 다음, 자리를 펴고 각자 맡은 일을 한다.

부모와 시부모가 자리에 앉으려 하거든, 어느 쪽으로 향해 자리를 깔 것인지 여쭈어본다. 눕는 자리를 바꾸려고 할 때는, 나이 든 자식은 자리를 들고 발을 어느 쪽으로 뻗을 것인지 여쭈어 보고, 나이가 적은 자식은 침대를 잡고 부모를 모신다. 자식들은 부모의 침실에 있는 의자를 정돈하고 자리와 대자리를 정리하며, 이불과 베개를 사용하기 좋게 챙겨둔다.

침실에 있는 부모와 시부모의 옷과 이불, 대자리와 돗자리, 베개와 의자 등을 함부로 바꿔놓지 않는다. 왜냐하면 평소와 위치를 다르게 해 놓으면 사용하기 불편할 수 있기 때문이다. 부모가 사용하는 지팡이와 신발은 조심스럽게 다루고, 자식이 함부로 갖고 다녀서는 안 된다. 부모가 사용하는 대접과 밥그릇, 술잔과 물그릇은 부모가 남겨주는 음식을 먹는 경우가 아니면 함부로 사용하지 않는다. 부모가 항상 잡수시는 음식도 남겨주신 음식이 아니면 함부로 마시거나 먹지 않는다.

부모와 시부모가 어떤 일을 시키면 즉시 응낙하고 공손하게 대답한다. 부모가 계신 곳으로 나아가고 물러나고, 이런저런 행동을 할 때는 삼가고 엄숙히 하며, 계단을 오르내리고 집안으로 나가고 들어올 때는 상황에 맞게 몸을 숙이기도 하고 젖히기도 한다. 부모 앞에서 함부로 구역질을 해서는 안 된다. 트림이나 재채기, 기침, 하품을 해서는 안된다. 기지개를 켜거나 한 발로 삐딱하게 기울여 서서 기대거나 곁눈질하며 보거나 침을 뱉거나 코를 풀어서는 안 된다.

부모 앞에서는 춥다고 하여 함부로 옷을 껴입어서는 안 된다. 가렵다고 함부로 긁어서도 안 된다. 공경할 일이 없는데 팔을 함부로 드러내서도 안 된다. 냇물을 건널 상황이 아니면 바지를 걷지 않으며, 더러운 옷과 이불은 그 속을 보이지 않게 한다.

부모가 흘리는 침과 콧물은 다른 사람들에게 보이지 않게 하며,

부모의 모자와 띠에 때가 끼었거나 옷에 때가 끼었으면, 즉시 세탁해야 한다. 옷이 터지고 찢어졌으면 즉시 꿰매야 한다.

젊은이가 어른을 섬기고, 천한 사람이 귀한 사람을 섬길 때도, 모두 이런 예의를 적용한다.


## 2

『예기』「곡례」에 이렇게 기록되어 있다.[20]

자식은 부모를 모실 때, 상황에 맞게 행동한다.

겨울에는 따뜻하게 해드리고, 여름에는 시원하게 해드린다.

밤이 되어 잠자리에 들 무렵이면 이부자리를 챙겨드리고, 새벽에 일어나서는 안부를 살핀다.

이것이 자식으로서 도리이자 예의이다.

외출할 때는 반드시 어디에 가는지를 알리고, 외출하고 돌아와서는 반드시 부모의 얼굴을 뵈어야 한다.

출장을 갈 때는 어디에 가는지 그 출장지를 정하고 알려야 한다.

내가 잘하는 일을 사업의 기본으로 한다. 그래야 실패가 적고 안전하다.

평소 말하고 행동할 때, 부모 앞에서는 '늙었다!'라는 표현을 쓰지 않는다.

---

20)  凡爲人子之禮, 冬溫而夏凊, 昏定而晨省. 出必告, 反必面. 所遊, 必有常. 所習, 必有業 恒言, 不稱老.

**3**

『예기』「제의」에 이렇게 기록되어 있다.[21]

부모를 너무나 깊이 사랑하는 효자는 반드시 부모와 뜻이 맞으므로 그 기운이 따스하다. 따스한 기운이 있는 자식은 반드시 얼굴빛에 기쁨이 가득하다. 얼굴빛이 기쁨에 가득한 자식은 반드시 용모가 온순하다.

효자의 태도는 손에 옥을 잡은 듯이 조심스러워한다. 가득 찬 것을 받들 듯이 주의를 기울이며 성실하다. 온 마음을 다하여 전력을 다하면서도 일을 감당하지 못하는 듯이 행동한다.

제멋대로 엄숙하고 위엄있는 듯이 하면서 씩씩하게 나아가는 행동은 자식으로서 부모를 모시는 자세가 아니다.


**4**

『논어』「이인」에 이런 말이 있다.[22]

부모가 집에 계실 때는 집에서 너무 먼 곳에 가지 않는다. 사정상 어쩔 수 없이 가야만 한다면 반드시 어디를 가는지 그 방향을 알려주어야 한다.

다시 말하면, 부모가 살아계실 때, 자식은 너무 멀리 여행하지 않아야 한다. 부득이하게 여행을 가는 경우, 자식은 반드시 부모에

---

21) 孝子之有深愛者, 必有和氣. 有和氣者, 必有愉色. 有愉色者, 必有婉容. 孝子, 如執玉, 如奉盈, 洞洞屬屬然, 如弗勝, 如將失之. 嚴威儼恪, 非所以事親也.

22) 父母在, 不遠遊, 遊必有方.

게 그 행선지를 알려 안심시켜야 한다.

잘 알고 지내거나 수시로 만나는 사람 사이에 서로의 행방을 알려주는 일은 매우 중요하다. 그렇지 않을 경우, 서로 걱정하게 되어 애태우게 만들 수 있다.

현대 사회 제외하고 부모 자식은 거의 동일한 공간에서 생활하기 마련이었다. 따라서 자식은 평소처럼 교통이나 통신 수단이 발달하지 않았던 과거 전통 사회에서는 특별한 경우를 부모의 주변에 있으므로 걱정하지 않도록 했고, 부모가 요청하면 때를 놓치지 않고 언제든지 부모를 돌볼 수 있도록 다양한 조치를 취하였다.

### 5

『예기』「방기」에 이렇게 기록되어 있다.[23]

부모가 집에 계실 때는 함부로 자기 몸을 제멋대로 두지 않아야 한다. 부모의 재물을 개인적으로 함부로 써서는 안 된다. 이는 사람들에게 부모 자식 사이에 위아래가 있음을 보여주는 것이다.

부모가 집에 계실 때 부모에게 드리는 선물은 수레와 말과 같이 지나치게 귀한 것이 아니어야 한다. 이는 사람들에게 돈이 있다고 해서 제멋대로 선물해서는 안 되는 예의를 보여주는 것이다.

---

23) 父母在, 不敢有其身, 不敢私其財. 示民有上下也. 父母在, 饋獻, 不及車馬. 示民不敢專也.

**6**

『예기』「내칙」에 이렇게 기록되어 있다.[24]

결혼한 자식과 며느리는 부모와 시부모에게 효도하고 공경해야
한다.

부모와 시부모가 시키는 일을 거역하지 않고, 또 태만하게 처리
하지 않는다.

음식을 가져다드릴 때는 부모가 즐겨 드시지 않더라도, 반드시
그 음식을 맛보게 한 후, 부모의 반응을 기다린다.

옷을 사다 드릴 때는 부모가 입고 싶어 하지 않더라도, 반드시
입혀드리고 난 후, 부모의 반응을 기다린다.

부모가 일을 맡겨 주고, 다른 사람에게 그 일을 대신하게 하거
든, 자식으로서 먼저 하고 싶더라도, 먼저 그에게 일을 주어서 시키
다가, 나중에 그 일을 되돌려 받아서 실행한다.


**7**

『예기』「내칙」에 이렇게 기록되어 있다.[25]

결혼한 자식과 며느리는 부모 몰래 개인적으로 다른 사람과 물

---

24) 子婦孝者敬者, 父母舅姑之命, 勿逆勿怠. 若飮食之, 雖不嗜, 必嘗而待. 加之衣服, 雖不欲, 必服而
待. 加之事, 人代之, 己雖不欲, 姑與之, 而姑使之, 而後復之.

25) 子婦, 無私貨, 無私蓄, 無私器. 不敢私假, 不敢私與. 婦或賜之飮食衣服布帛佩帨茝蘭, 則受而獻諸
舅姑. 舅姑受之則喜, 如新受賜, 若反賜之則辭, 不得命, 如更受賜, 藏以待乏. 婦若有私親兄弟, 將與
之, 則必復請其故, 賜而後, 與之.

건을 바꾸어 써서는 안 된다. 또한 개인적으로 물건을 모아서도 안 된다. 이처럼 개인적으로 어떤 물건을 가져서는 안 되므로, 부모 몰래 함부로 다른 사람에게서 물건을 빌려오거나 주어서는 안 된다.

며느리는 친정의 형제자매가 음식이나 옷, 차, 향초와 같은 생활에 필요한 물품을 보내오면, 그것을 받아서 시부모에게 갖다주어야 한다. 시부모가 그것을 받으면 기뻐하고, 시부모가 다시 되돌려 주면 일단은 사양하되, 또다시 주면 잘 보관해 두었다가, 나중에 부모님의 의견이 어떤지를 기다려야 한다.

며느리가 개인적으로 친한 형제자매가 있어 그들에게 물건을 주려고 할 때는, 반드시 예전에 친정에서 받아 시부모에게 주었던 물품을 다시 요청하여, 시부모가 주면, 그때 친인척들에게 준다.

## 8

『예기』「곡례」에 이렇게 기록되어 있다.[26]

부모가 부르면, 재빠르게 즉시 대답하라!

스승이 부르면 재빠르게 즉시 대답하고, 자리에서 벌떡 일어나라!

## 9

『의례』「사상견례」에 이렇게 기록되어 있다. [27]

---

26) 父召, 無諾. 先生召, 無諾. 唯而起.

27) 凡與大人言, 始視面, 中視抱, 卒視面. 毋改. 衆皆若是. 若父則遊目, 毋上於面, 毋下於帶. 若不言, 立則視足, 坐則視膝.

사회지도급의 어른과 말할 때는 처음에는 얼굴을 보고, 중간에는 가슴을 보고, 마지막에는 얼굴을 본다. 그러면서도 태도에는 변함이 없어야 한다. 이렇게 하는 것이 대화할 때의 기본 자세이다.

부모와 말할 때는 눈을 위아래로 천천히 움직이되, 얼굴보다 위로 눈을 부라리며 치켜올리지 말고, 허리띠 아래로 눈을 내리깔며 보지 말아야 한다.

부모가 말씀을 하지 않는 경우, 서 있을 때는 발걸음을 옮기려는 건 아닌지 부모의 발을 보고, 앉아 있을 때는 일어서려는 건 아닌지 부모의 무릎을 본다.

## 10

『예기』「옥조」에 이렇게 기록되어 있다.[28]

부모가 일을 시키려고 부르면, 빨리 대답하고 느리게 대답해서는 안 된다. 그때 손에 일감을 잡고 있었다면 그것을 즉시 내려놓고, 음식을 먹고 있었다면 즉시 음식을 뱉으며, 부모에게 갈 때는 즉시 달려가고 종종걸음으로 가서는 안 된다.

부모가 늙으면, 자식은 외출할 때 어디를 가는지 반드시 알려주고, 외출 후에 돌아오는 시간을 정해 놓고, 그 시간을 넘기지 않는다.

부모가 아픈 경우, 얼굴에 희희낙락거리는 모습을 하지 않고, 걱

---

28) 父命呼, 唯而不諾, 手執業則投之, 食在口則吐之, 走而不趨. 親老, 出不易方, 復不過時. 親癠, 色容不盛. 此孝子之疏節也. 父沒而不能讀父之書, 手澤, 存焉爾. 母沒而杯圈, 不能飮焉, 口澤之氣, 存焉爾.

정스러운 낯빛으로 병이 낫기를 기도해야 한다. 이것이 효도하는 자식으로서 기본 예절이다.

효자는 아버지가 돌아가시면, 평소 아버지가 즐겨 읽던 책을 차마 읽지 못하게 된다. 그 이유는 아버지의 손때가 아직 그 책에 남아 있기 때문이다. 어머니가 돌아가시면, 평소 어머니가 즐겨 다루던 술잔과 그릇을 차마 사용하지 못하게 된다. 그 이유는 어머니가 입으로 대던 때의 기운이 아직 그 술잔과 그릇에 남아 있기 때문이다.


## 11

『예기』「내칙」에 이렇게 기록되어 있다.[29]

효자가 늙으신 부모를 봉양할 때는 다음과 같이 한다.

부모의 마음을 즐겁게 한다.

부모의 뜻을 어기지 않는다.

부모의 귀와 눈을 즐겁게 해드린다.

부모의 잠자리와 거처를 편안하게 해드린다.

부모가 드실 음식을 잘 장만하여 정성껏 모신다.

그러므로 부모가 사랑한 것을 자식이 또한 사랑하며, 부모가 공경한 것을 자식이 또한 공경해야 한다.

---

29)  孝子之養老也, 樂其心, 不違其志, 樂其耳目, 安其寢處, 以其飮食, 忠養之. 是故, 父母之所愛, 亦愛
之, 父母之所敬, 亦敬之.

## 12

『예기』 「제의」에 이렇게 기록되어 있다.[30]

부모가 사랑하는 것은 자식도 기뻐하여 잊지 말라.

부모가 미워하는 것은 자식도 두려워하여 원망하지 말라.

부모가 잘못이 있으면 충고하되 함부로 부모의 뜻을 어겨서는 안 된다.


## 13

『예기』 「내칙」에 이렇게 기록되어 있다.[31]

부모에게 잘못이 있으면, 기운을 차분하게 가라앉히고 얼굴빛을 온화하게 하고, 목소리를 부드럽게 하여 충고해야 한다.

간절하게 충고하였는데도 그 충고를 받아주지 않으면, 더욱 공경하며 부모를 모시고 효도를 다하라!

부모가 기뻐할 정도가 되면, 다시 간절하게 충고한다. 혹시, 부모가 기뻐하지 않았더라도 지역사회에서 죄를 지어 얼굴을 들고 다닐 수 없게 하기보다는, 차라리 귀에 못이 박히도록 귀찮을 정도로 충고하는 것이 낫다.

부모가 화를 내며 기뻐하지 아니하고, 도리어 자식에게 종아리를 쳐서 피가 흘러도, 자식은 부모를 미워하거나 원망하지 않아야

---

30) 父母愛之, 喜而弗忘. 父母惡之, 懼而無怨. 父母有過, 諫而不逆.

31) 父母有過, 下氣怡色柔聲以諫. 諫若不入, 起敬起孝, 悅則復諫. 不悅, 與其得罪於鄕黨州閭, 寧熟諫. 父母怒不悅, 而撻之流血, 不敢疾怨, 起敬起孝.

하고, 더욱 공경하며 효도를 다 해야 한다.

## 14

『예기』「곡례」에 이렇게 기록되어 있다.[32]

자식이 부모를 모실 때, 혹시 부모에게 잘못이 있으면 자식은 간곡하게 세 번에 걸쳐 충고한다. 그랬는데도 부모가 듣지 않으면, 울부짖으면서 따라야 한다.

## 15

『예기』「곡례」에 이렇게 기록되어 있다.[33]

부모가 병환으로 고생하고 있을 때, 자식은 신중하게 행동해야 한다.

머리를 곱게 빗고 멋을 내지 않는다.

거리를 활개 치며 다니지 않는다.

말할 때 건성으로 게으르게 하지 않는다.

거문고와 비파를 타며 노래하고 춤을 추며 놀지 않는다.

물릴 정도로 고기를 실컷 먹지 않는다.

얼굴빛이 붉게 변하여 취할 정도로 술을 마시지 않는다.

잇몸이 보일 정도로 헤헤거리며 웃지 않는다.

---

32) 子之事親也, 三諫而不聽, 則號泣而隨之.
33) 父母有疾, 冠者不櫛. 行不翔. 言不惰. 琴瑟不御. 食肉不至變味. 飲酒不至變貌. 笑不至矧. 怒不至詈. 疾止, 復故.

사람을 꾸짖을 때 아주 크게 화를 내지 않는다.

이렇게 조심스럽게 행동하다가 부모의 병이 나으면, 평소와 같은 생활로 돌아간다.

**16**

『예기』「곡례」에 이렇게 기록되어 있다.[34]

임금이 병환이 있어 약을 마실 경우, 신하가 먼저 약이 어떠한지 맛보아야 한다.

부모가 병환이 있어 약을 마실 경우, 자식이 먼저 약이 어떠한지 맛보아야 한다.

3대를 이어 의원을 하는 곳이 아니면, 그 의원에서 지은 약은 복용하지 않아야 한다. 사람의 목숨이 왔다 갔다 하는 중대한 일을, 경험이 적은 사람에게 맡길 수 없기 때문이다.

17

부모는 자식의 존재 근거이다. 그런 만큼 자식은 부모의 생물학적·문화적 디엔에이(DNA)를 간직하고 있다. 그것은 '부모-자식' 사이의 숙명(宿命)이고, 천명(天命)이라고도 한다. 여기에서 싹트는 덕목이 효도이다. 그것은 사람 구실의 기초이다. 그 책무성은 삶의 본분이자 운명(運命)으로 드러난다.

34) 君, 有疾飮藥, 臣先嘗之. 親, 有疾飮藥, 子先嘗之. 醫不三世, 不服其藥.

『논어』「학이」에 이런 말이 있다.[35]

부모가 살아계실 때는 그 자식의 뜻을 본다. 부모가 돌아가셨을 때는 그 자식의 행실을 본다. 이렇게 하여 3년 동안 부모가 행하던 길을 고치지 않아야 효도했다고 할 수 있다.

살아계실 때는 자식이 부모의 뜻을 잘 따르고 있지 확인할 필요가 있고, 돌아가셨을 때는 살아계실 때의 뜻을 돌아가시자마자 바로 저버리지 않는지를 살펴보며, 효성을 점검해야 하기 때문이다.

## 18

『예기』「내칙」에 이렇게 기록되어 있다.[36]

부모가 돌아가시고 안 계실지라도, 착한 일을 행할 때는 부모에게 아름다운 명예를 안겨드릴 수 있음을 생각하여, 반드시 그 일을 실천한다.

착하지 않은 일을 행할 때는 부모에게 수치와 치욕을 안겨드릴 수도 있음을 우려하고, 절대 그 일을 하지 말아야 한다.

## 19

『효경』에 이런 기록이 있다.[37]

---

35) 父在, 觀其志. 父沒, 觀其行. 三年, 無改於父之道, 可謂孝矣.
36) 父母雖沒, 將爲善, 思貽父母令名, 必果. 將爲不善, 思貽父母羞辱, 必不果.
37) 身體髮膚, 受之父母. 不敢毀傷, 孝之始也. 立身行道, 揚名於後世, 以顯父母, 孝之終也. 愛親者, 不敢惡於人, 敬親者, 不敢慢於人. 愛敬, 盡於事親, 而德敎加於百姓, 刑于四海. 此天子之孝也. 在上不

신체와 모발과 피부는 부모에게서 받았으므로, 조금이라도 훼손하거나 상하지 않게 하는 것이 '효도의 시작'이다.

자식으로서 몸을 떳떳하게 세우고 인간의 길을 실천하여, 후세에 이름을 드날려 부모를 드러나게 하는 것이 '효도의 완성'이다.

부모를 사랑하는 자식은 사람을 함부로 미워하지 않고, 부모를 공경하는 자식은 사람에게 제멋대로 하지 않는다.

국가의 최고지도자가 사랑과 공경으로 부모를 잘 모시면, 세상 사람들이 그것을 모범으로 훌륭한 인성을 기르고, 온 세상에 본보기가 된다. 온 세상을 이끌어가는 최고지도자의 효도는 이런 것이다.

한 나라나 공동체를 이끌어가는 사람이 지위가 높은 지도자의 자리에 있으면서 교만하지 않으면, 아무리 높은 지위에 있어도 위태롭지 않다. 예의에 맞게 행동하고 법도를 제대로 지키면, 인품이 가득 차더라도 넘치지 않는다. 그런 뒤에 한 나라는 번영할 수 있고 국민이 화목하게 살 수 있다. 한 나라를 이끌어가는 지도자의 효도는 이런 것이다.

지도자를 보좌하는 보좌관의 경우, 지도자가 실천했던 법도에 맞는 옷이 아니면 함부로 입지 않고, 그런 법도에 맞는 말이 아니면

---

驕, 高而不危. 制節謹度, 滿而不溢. 然後, 能保其社稷, 而和其民人. 此諸侯之孝也. 非先王之法服, 不敢服. 非先王之法言, 不敢道. 非先王之德行, 不敢行. 然後, 能保其宗廟. 此卿大夫之孝也. 以孝事君則忠, 以敬事長則順. 忠順, 不失, 以事其上然後, 能守其祭祀. 此士之孝也. 用天之道, 因地之利, 謹身節用, 以養父母. 此庶人之孝也.

함부로 말하지 않으며, 그런 덕행이 아니면 함부로 따라 행하지 않는다. 그러한 뒤에야 지도자를 보좌하여 그 나라를 발전시키는데 기여할 수 있다. 지도자를 보좌하는 참모급 지도층의 효도는 이런 것이다.

효도로 지도자를 섬기면 충성이 되고, 공경으로 어른을 섬기면 순종이 된다. 충성과 순종의 미덕을 잃지 않고 지도자를 잘 섬긴 뒤에야 그 공동체를 제대로 지킬 수 있다. 이는 공직자의 효도이다.

일반 서민은 하늘과 땅, 자연의 질서에 따라 농사를 짓듯이, 자신의 직분에 충실하게 살면서, 자기의 몸을 보존하고 씀씀이를 절약하여 부모를 봉양해야 한다. 이런 것이 서민의 효도이다.

흔히, '효(孝)'라고 하면, 자식이 부모를 봉양하는 형식의 윤리적 덕목을 상정한다. 그러나 『효경』에서 제시하는 그것을 포함하여 상당히 넓은 범위의 의미를 담고 있다. 그것은 '교육'의 근원을 형성하고, 인간의 본분에 따른 책무성을 확인하는 근거가 된다. 『효경』의 서문에는 공자와 그의 제자 증자가 문답하는 대목이 등장한다. 증자는 일반적으로 효의 대가로 알려져 있다. 문답의 요지는 몇 가지 측면으로 요약할 수 있다.

'효(孝)'라는 지상 최대의 덕목이 가장 훌륭한 인성을 갖춘 임금, 즉 최고지도자에 의해 창시된 이후, 효는 교육의 기본이 되었다. 세상의 모든 사람에게 효를 가르치게 되면서 사람들이 화목하고 서로 원망하는 일이 사라졌으며, 사람으로서 지켜야 할 도리를 실천할 수 있는 계기가 마련되었다. 때문에 효의 실천은 인간의 삶을 아름답게 가꾸어가는 기본이다. 이를 다른 말로 바꾸면 '효에 의한 다스림'이란 의미의 '효치(孝治)'가 된다. 여기에서 우리에게 너무나도 익숙한, 세 가지 차원을 주목해야 한다.

첫째, 효의 본질적 가치와 역할 및 기능에 관한 선언이다. "효는 인간이 지닌 덕망을 실천하는 근본이고, 교육을 일으키는 근거이다!"[38]

그것은 사람이 세상을 살아가는 궁극 목적에 대한 근본 성찰이다. 효의 도리를 실천하여 자기 스스로 효도를 다하는 사람이 되는 작업! 그리고 다른 사람에게 효도를 권장하여 다른 사람도 효도를 실천하게 만들고, 나아가 세상의 모든 사람이 효도를 실천하여 효의 천국을 건설하는 일! 이는 부모와 어른, 윗사람에 대한 존중과 사랑, 공경의 마음이 충만한 가정, 사회와 국가, 나아가 인류 세계의 평화를 지향하는 자세이다.

둘째, 효의 시작이 어디에서 비롯되는지에 관한 구체적 확인이다. "사람은 몸뚱이와 팔다리, 털과 피부, 이 모든 것을 부모로부터 물려받았기에 자기 몸을 소중히 여겨 함부로 다치거나 상하지 않게 해야 한다. 이것이 효의 첫걸음이다!" 그 유명한 "신체발부(身體髮膚), 수지부모(受之父母), 불감훼상(不敢毀傷), 효지시야(孝之始也)!"이다.

---

38) 夫孝, 德之本也, 敎之所由生也.

요즘은 생물학적 표현을 빌려, 부모로부터 물려받은 디엔에이 (DNA)에 대한 언급을 많이 한다. 이 물려받은 디엔에이가 다름 아 닌 '신체발부 수지부모'이다. 그것은 다른 말로 '분신(分身)'이라고도 한다. 부모로부터 물려받은 디엔에이이자 분신이기에, 어쩌면 온전 하게 내 것이 아니다. 순수하게 내 것만이 아니다. 부모-자식의 '공 유자산(公有資産)'이다. 그러기에 주의하고 조심하며 그것을 물려준 부모에게 감사하고 소중히 여겨야 한다. 이런 정신이 효의 시작에 자리한다. 나의 존재 근거에 대한 고마움을 깨닫는 일!

셋째, 효의 정점이나 완성이 무엇을 지향하는지에 대한 일깨움 이다. "사회에 나가 사회에서 올바른 길이라고 인정된 윤리에 따라 자기가 맡은 일을 실천하고 후세에 이름을 드날려, 부모의 이름을 빛나게 하는 것이 효의 완성이다!" 이 또한 유명한 말이다. "입신행 도(立身行道), 양명어후세(揚名於後世), 이현부모(以顯父母), 효지종야(孝 之終也)!"

흔히 말하는 '입신양명'의 자세이다. 그것은 단순하게 세상에 이 름을 드날리며 출세하는 것만을 의미하는 것이 아니다. 자신에게 주어진 사명감을 완수하는 동시에 그것과 더불어 자연스럽게 부모 의 이름도 함께 알려지는, 인간으로서의 본분 완수와 책무성의 이 행, 자기실현의 차원이다. "호랑이는 죽어서 가죽을 남기고 사람은 죽어서 이름을 남긴다!"라는 속담처럼, 효도의 완성은 한평생 살면서 자신의 발자취를 세상에 아름답게 새겨지도록 노력하는 최선의 삶을 희망한다.

그러므로 효의 본질은 단순하게 부모를 봉양하고 모시는 행위에 그치는 것이 아니라, 태어나서 죽을 때까지, 자신의 존재 근거를 확인하고 자신의 사명감을 깨달아, 열심히 살아가는 모습을 고민하는 양식으로 설정되었다. 그것이 인간의 본분과 의무에 관한 책무성을 정돈하는 계기가 된다. 서민에서 최고지도자에 이르는, 하나의 공동체를 형성하는 조직 구성원의 역할과 기능에 관한 임무 부여로 드러난다. 이는 가정을 비롯하여 소규모이건 대규모이건 직장이나 기업체, 회사, 국가 등 인류 사회의 어떤 공동체에도 해당한다. 최고지도자, 고위경영자, 중간관리자, 하급 실무자, 그리고 일반 구성원의 책무가 다름 아닌 '효'라는 덕목이다. 각각의 공동체에 속한 인간의 직분, 또는 의무에 관한 기본적이고 소박한 염원. 이를 제대로 파악하는 것이 효를 실천하는 열쇠이다.

## 20

『효경』에 이런 기록이 있다.[39]

부모가 낳아 주셨으므로 자식이 부모의 뜻을 계승하는 것보다 큰일이 없다.

---

39) 父母生之, 續莫大焉. 君親臨之, 厚莫重焉. 是故, 不愛其親, 而愛他人者, 謂之悖德. 不敬其親, 而敬他人者, 謂之悖禮.

나라의 지도자와 부모가 자식을 이끌고 보살펴주므로 이보다 두터운 은혜가 없다.

그러므로 자기 부모를 사랑하지 않고 다른 사람을 사랑할 때, 덕에 어긋난 일을 저질렀으므로 '패덕'이라고 한다.

자기 부모를 공경하지 않고 다른 사람을 공경할 때, 예에 어긋난 일을 저질렀으므로 '패례'라고 한다.

## 21

『효경』에 이런 기록이 있다.[40]

자식이 부모를 모실 때 어떠해야 다했다고 할 수 있을까?

평소 거처할 때는 공경을 다해야 한다.

봉양할 때는 즐거움을 다해야 한다.

병환이 있을 때는 근심을 다해야 한다.

초상이 났을 때는 슬픔을 다해야 한다.

돌아가신 후 제사를 지낼 때는 엄숙함을 다해야 한다.

이 다섯 가지가 갖추어진 뒤에야 부모를 제대로 모셨다고 할 수 있다.

부모를 잘 모시는 효성스러운 자식의 태도는 어떠할까?

지위가 높은 자리에 있을 때는 교만하거나 거만하게 행동하지

---

40) 孝子之事親, 居則致其敬, 養則致其樂, 病則致其憂, 喪則致其哀, 祭則致其嚴, 五者備矣然後, 能事親. 事親者, 居上不驕, 爲下不亂, 在醜不爭. 居上而驕則亡, 爲下而亂則刑, 在醜而爭則兵. 三者, 不除, 雖日用三牲之養, 猶爲不孝也.

않는다.

지위가 낮은 자리에 있어도 배반하거나 반란을 일으키지 않는다.

동료들 사이에서는 서로 다투지 않는다.

지위가 높은 자리에 있으면서 교만하면 망하고, 지위가 낮은 자리에 있으면서 반란을 일으키면 형벌을 받게 되고, 동료들 사이에서 다투면 서로 해치게 된다.

이 세 가지를 없애지 않으면, 날마다 소나 양, 돼지 같은 맛있는 고기반찬을 올리며 봉양하더라도, 오히려 불효를 저지르는 꼴이 된다.

**22**

『맹자』「이루」하에 이런 말이 있다.[41]

세상에서 일반적으로 말하는 불효에는 다섯 가지가 있다.

첫째, 몸을 게을리하여 부모의 봉양을 돌보지 않는 행동

둘째, 장기나 바둑을 두며 술 마시기를 좋아하여 부모의 봉양을 돌보지 않는 행동

셋째, 재물을 좋아하며 처자식만을 사랑하여 부모의 봉양을 돌보지 않는 행동

넷째, 귀와 눈의 욕망을 채우기에 급급하여 부모를 치욕스럽게

41) 世俗所謂不孝者五. 惰其四肢, 不顧父母之養, 一不孝也. 博奕, 好飮酒, 不顧父母之養, 二不孝也. 好貨財, 私妻子, 不顧父母之養, 三不孝也. 從耳目之欲, 以爲父母戮, 四不孝也. 好勇鬪, 以危父母, 五不孝也.

만드는 행동

다섯째, 힘자랑이나 하고 용맹을 좋아하여 싸우고 성내어 부모를 위태롭게 하는 행동

이 다섯 가지가 불효로 치닫는 패악질이다.

또한 과거 전통 사회에서 불효를 언급할 때는 반드시 다음 세 가지를 들었다.

첫째, 부모의 생각에 아첨하여 하자는 대로 하면서 부모를 불의(不義)에 빠트리는 일

둘째, 집안이 가난하고 부모가 늙어 경제생활을 할 수 없는데도 불구하고 안정된 직장 생활을 하지 않는 것

셋째, 결혼을 하지 않아 자식이 없고 그로 인해 이후에 조상의 제사가 끊어지는 일

이 가운데 가장 큰 불효는 '자식이 없는 일'이라고 하였다.


## 23

『예기』「내칙」에 이렇게 기록되어 있다.[42]

내 몸은 부모가 남겨주신 소중한 유산이자 내 삶의 근원이다. 부모가 남겨주신 몸, 이 문화 전통을 바탕으로 내 인생의 모든 행위를 연출하는데, 감히 공경해야 하지 않겠는가!

---

42) 身也者, 父母之遺體也. 行父母之遺體, 敢不敬乎. 居處不莊, 非孝也. 事君不忠, 非孝也. 莅官不敬, 非孝也. 朋友不信, 非孝也. 戰陣無勇, 非孝也. 五者, 不遂, 災及其親. 敢不敬乎.

평소 생활에서 위엄있고 엄숙하게 행동하지 않으면 효도가 아니다.

지도자를 섬기는데 충실하게 임무 수행을 하지 않으면 효도가 아니다.

공직에 나아가 맡은 일을 정성스럽게 하지 않으면 효도가 아니다.

친구 사이에 신뢰가 없으면 효도가 아니다.

국가를 위해 전쟁에 나갔을 때 목숨을 바칠 각오로 용맹스럽지 않으면 효도가 아니다.

이 다섯 가지를 제대로 완수하지 못하면, 그 재앙이 그 부모에게까지 미친다. 왜냐하면 부모가 자식인 나를 낳았고, 나는 부모의 분신이기 때문이다. 이런데도 부모가 물려주신 몸으로 세상을 살아가는 데, 감히 공경하지 않을 수 있겠는가!

## □ '지도자-구성원' 사이의 윤리

### 1

『예기』「옥조」에 이렇게 기록되어 있다.[43]

지도자의 집무실에 갈 때는 공명정대(公明正大)한 생각으로 몸과 마음가짐을 단정하게 하라.

지도자가 업무를 지시하면, 그 일은 자세하고 구체적으로 기억하여 실천해야 한다.

한 공동체, 국가 사회의 구성원으로서 지도자에 대한 기본 예의를 갖추어라.

특별한 사정이 있는 경우를 제외하고, 자신의 직책에 맞는 정장 차림으로, 용모와 거동을 정비한 후에 나아가야 한다.

### 2

『예기』「곡례」에 이렇게 기록되어 있다.[44]

최고지도자의 명령을 받아 임무를 수행하는 공직자의 경우, 지도자의 업무 지시를 받았다면 바로 그 명령을 수행해야 한다. 이런저런 핑계로 머뭇거리며 일을 미루어서는 안 된다.

---

43) 將適公所, 宿齊戒, 居外寢, 沐浴, 史進象笏, 書思對命. 旣服, 習容觀玉聲, 乃出.
44) 凡爲君使者已受命, 君言, 不宿於家.

**3**

『예기』「옥조」에 이렇게 기록되어 있다.[45]

최고지도자가 수레나 말과 같은 귀한 선물을 보내오면, 그 수레와 말을 타고 가서, 선물을 보내준 것에 감사의 인사를 전하라. 옷을 주면 그것을 입고 가서 내려준 데 대해 감사의 인사를 전하라. 그것이 선물을 보내준 분에 대한 예의이다.

최고지도자가 특별한 명령을 하지 않는데, 내려준 수레와 말과 옷을 곧바로 타거나 입지는 않는다. 어떤 경우이건, 기본 예의는 지키며 사는 것이 인간 아닌가!


**4**

『논어』「향당」에 이런 말이 있다. [46]

병환이 있을 때, 최고지도자를 비롯한 윗사람이 문병을 왔다. 아랫사람은 어떻게 해야 하는가? 머리를 동쪽으로 하고, 윗사람을 만날 때 입던 정장을 몸 위에 걸쳐놓고, 예의를 지키며 지도자를 맞이한다.

옛날 왕정 사회에서는 그랬다. 임금이 문병을 오면, 해가 떠오르는 동쪽으로 누워 조금이라도 생기(生氣)를 받으려고 노력하며, 궁궐에서 평상시 조회할 때처럼 예복을 갖추어 맞이하였다고 한다. 여

---

45)  君賜, 車馬, 乘以拜賜. 衣服, 服以拜賜. 君, 未有命, 弗敢卽乘服也.
46)  疾, 君視之, 東首, 加朝服拖紳.

러모로 불편하겠지만, 조금이라도 움직일 수 있는 상황이라면, 잠시나마 몸을 일으켜 감사의 인사를 표하는 것이 예의였던 모양이다. 이는 지금도 병원의 병상으로 병문안을 왔을 때, 흔히 있는 일이다.

이외에도 최고지도자인 임금이 음식을 보내주면, 똑바로 앉아서 먼저 맛을 보았다고 한다. 또한 임금이나 윗사람이 부르면 재빠르게 달려가서 만났다고 한다.

## 5

『효경』에 이런 기록이 있다. [47)]

훌륭한 인성을 갖춘 사람이 기관장이나 부서의 팀장 등 직속상관이나 지도자를 섬길 때는 이렇게 해야 한다.

출근하여 직접 모시며 함께 일할 때는 본분에 충실할 것을 생각하라.

퇴근 후에는 하루일과를 돌아보며 잘못된 일이 있다면 바로잡을 것을 생각하라.

그리하여 동료들과 상관이 지닌 아름다운 자질을 받들어 따르고, 단점을 교정하고 보충하라.

이는 윗사람인 지도자와 아랫사람인 보좌관이나 참모 직원이 서로 친밀하게 협조하고 화합해야 함을 뜻한다.

---

47) 君子, 事君, 進思盡忠. 退思補過. 將順其美. 匡救其惡. 故上下能相親也.

## 6

『논어』「팔일」에 이런 말이 있다.[48]

한 조직의 지도자는 보좌관이나 직원에게 업무 지시를 할 때, 직분에 상응하는 예의를 갖추어라.

보좌관이나 직원은 지도자를 모시고 일할 때, 맡은 직무인 본분에 충실하라.

윗사람이나 아랫사람이나 서로의 역할과 임무에 대해 존중하고, 예의로써 응대해야 한다.

## 7

『논어』「선진」에 이런 말이 있다.[49]

훌륭한 인성을 갖춘 유능한 보좌관은 규정에 맞는 올바른 방법으로 지도자를 섬긴다. 그러나 지도자가 제대로 믿어주지 않고 인정해 주지 않으면, 그 자리를 물러나거나 그만둔다.

## 8

『논어』「헌문」에 이런 말이 있다. [50]

공자의 제자 자로가 어떤 마음가짐과 행동으로 지도자를 섬겨야 하는지 물었다.

48) 君, 使臣以禮. 臣, 事君以忠.
49) 大臣, 以道事君, 不可則止.
50) 子路問事君, 子曰, 勿欺也而犯之.

공자가 다음과 같이 충고했다.

"지도자를 속이지 말고 잘못하는 부분에 대해서는 덤벼들면서 충고해야 한다!"

이것이 도리이고 업무 충실이다.

## 9

『맹자』「이루」상에 이런 말이 있다.[51]

하나의 공동체 내에서, 윗사람을 모시는 보좌관이나 참모, 또는 일반 직원들은 어떤 존재일까?

윗사람에 대해, '어려운 일을 맡았지만, 직책에 맞게 그에 대한 책임감을 가지고 일하는 것이 마땅합니다!'라고 충고하는 할 수 있는 참모나 직원을 '공손한 보좌관'이라고 한다.

윗사람에 대해 '착한 말을 개진하여 나쁜 일을 막아 주는 사람'의 경우, '깨우쳐주는 보좌관'이라고 한다.

윗사람에 대해, '우리의 지도자는 일을 제대로 하지 못하고 능력도 없다!'라고 말하는 사람을 '지도자를 해치는 나쁜 보좌관'이라고 한다.

## 10

『맹자』「공손추」상에 이런 말이 있다.[52]

---

51) 責難於君, 謂之恭, 陳善閉邪, 謂之敬, 吾君不能, 謂之賊.
52) 有官守者, 不得其職則去. 有言責者, 不得其言則去.

공직자나 일반 직장인, 지위 고하를 막론하고, 구체적으로 맡은 일이 있는 사람의 경우, 자기가 그 직책을 수행할 수 없으면 그 자리에서 떠나야 한다. 중요한 정책을 만드는 사람의 경우, 자기가 기획한 말이 먹혀들지 않으면 그 자리에서 떠나야 한다.

이는 임무를 맡은 사람이 본분을 이행하는 방식이다. 본분에 따라 사람 구실을 충실히 하되, 책무성을 제대로 구현할 수 없다면 어떻게 해야 하는가? 비정상적이거나 부정이 횡행한다면, 어떤 자체를 취해야 할까? 지성인으로서, 또는 현대적 의미의 민주시민으로서, 무엇이 합당한 도리인지를 인식하고, 자신의 책무성에 대해, 나아가고 물러나는 거취 문제를 분명히 해야 한다.

『맹자』「고자」에도 직장〔공직〕에 나아가고 물러나는 경우에 대해, 세 가지 부류가 있음을 일러준다.

하나, 사람을 맞이할 때 존경해 주고 예의가 있고, 임무를 맡은 사람의 말을 받아들여 행하는 모습을 보이면 나아가라. 예의가 있다고 하더라도 임무를 맡은 사람의 말이 받아들여지지 않고 무시당하면 물러난다.

둘, 임무를 맡은 사람의 말이 받아들여지지는 않았으나 그 사람을 자기를 맞이할 때 존경해 주고 예의가 있으면 나아가라. 그런 기본적 예의조차 없는 모습을 보이며 무시하면 물러난다.

셋, 어떤 임무를 맡을 수 있는 능력을 지닌 사람이 아침저녁도 먹지 못하여 굶주려 문밖에도 나가지 못하게 되었을 때, 조직의 지도자가 이 말을 듣고, '내 사정상 그런 능력을 갖춘 사람이 조언해 주는 좋은 기획을 이행하지 못하고, 또 그의 말을 따르지 못했지만, 내 나라에서 그런 능력 있는 사람이 제대로 직장을 잡지 못하고 굶주리는 것은 부끄러운 일이다!'라고 말하고 그를 구제해 준다면 나아갈 수 있다. 하지만 이런 경우에 유의할 사항은, 겨우 굶주림을 면할 정도의 낮은 지위와 봉급을 받을 각오를 해야 한다.

## □ '남편-아내' 사이의 윤리

**1**

『예기』「옥조」에 이렇게 기록되어 있다.[53]

남성과 여성이 만나, 한 가정을 이루고, 그 가정은 한 사회의 세포가 된다. 전통 사회에서는 남성과 여성이 만나 가정을 이루기까지 상당히 신중한 과정을 거쳤다. 오늘날의 이성 교제와는 판이한 특징을 지니고 있다.

남성과 여성이 만날 때, 어떤 사람이 소개하여 만나지 않았다면, 서로의 이름을 알려고 하지 않는다. 결혼을 하기 위해 사전에 선물을 받지 않았으면, 사귀지 않고 친밀하게 지내지 않는다.

결혼할 날짜를 정했으면, 자신이 속한 조직의 윗사람, 동료, 친인척들에게 알리고, 술과 음식을 만들어, 마을 사람들과 주변의 친구를 초대한다. 이는 남성과 여성의 결혼에서 역할과 분별을 명확히 하기 위해서이다.

남편은 아내를 맞이할 때, 같은 성씨의 사람을 맞이하지 않는다. 특히 동성동본(同姓同本)은 엄금한다. 그러므로 배우자를 구할 때, 그 성씨를 알지 못하는 경우, 본인과 다른 성씨를 가졌는지 알기 위해 점을 친다.

---

53) 男女, 非有行媒, 不相知名. 非受幣, 不交不親. 故日月以告君, 齊戒以告鬼神, 爲酒食以召鄕黨僚友. 以厚其別也. 娶妻, 不取同姓. 故買妾, 不知其姓則卜之.

**2**

『의례』「사혼례」에 이렇게 기록되어 있다.[54]

옛날에는 오늘날과 달리, 자식이 결혼할 즈음, 부모는 여러 가지 충고를 곁들이며 결혼 이후의 행동과 처신에 대해 말하였다.

아버지는 아들을 장가보낼 때는 다음과 같이 당부한다.

"너를 내조할 아내를 잘 맞이하여, 우리 집안의 일을 이어나가는 데 애써야 한다. 남편으로서 먼저 무엇을 해야 하는지 마음 깊이 깨달을 수 있도록 이끌어라! 네 어머니의 뜻을 잇게 할 것이니, 너는 그만큼 떳떳하게 행동해야 한다. 알았느냐!"

아들은 이렇게 대답한다.

"예, 그렇게 하겠습니다. 행여나 그렇게 감당하지 못할까 두렵습니다! 하지만 아버님의 당부를 잊지 않겠습니다."

아버지가 딸을 시집보낼 때는 이렇게 당부한다.

"시댁에서 생활할 때는 행동에 늘 조심하고 주의해야 한다. 그 집안의 내력이나 지향하는 뜻이 어떤지 마음 깊이 깨달아, 아침 일찍부터 저녁 늦게까지 시부모가 시키는 일을 어기지 말아야 한다! 알았느냐!"

어머니도 시집가는 딸에게, 정성스럽게 준비한 작은 띠를 매주고 수건을 건네주면서, 다음과 같이 당부한다.

---

54) 父醮子, 命之曰. 往迎爾相, 承我宗事, 勗帥以敬, 先妣之嗣. 若則有常. 子曰, 諾. 唯恐不堪, 不敢忘命. 父送女, 命之曰. 戒之敬之, 夙夜毋違命. 母施衿結帨曰. 勉之敬之, 夙夜無違宮事.

"늘 일하는 데 힘쓰고, 그 집안의 뜻이 어떤지 마음 깊이 깨달아, 아침 일찍부터 저녁 늦게까지 집안일을 소홀히 하지 않아야 한다!"

## 3

『예기』「교특생」에 이렇게 기록되어 있다.[55]

결혼은 인생에서 영원을 기약하는 시발점에 해당한다.

다른 성씨와 결혼을 하는 것은 두 가지 이유에서이다. 하나는 성씨가 다른 만큼 먼 관계에 있던 사람을 가까운 관계의 사람으로 만드는 일이다. 다른 하나는 서로 다른 성씨인 만큼 분별을 명확하게 해야 하기 때문이다.

결혼 예물인 폐백(幣帛)을 정성스럽게 준비하여 올리고, 결혼에 관한 말을 명확하게 하는 데도 이유가 있다. 무엇보다도, 결혼을 통해 이루어지는 인간관계가 곧고 신뢰를 느낄 수 있도록 해야 한다. 신뢰를 통해 사람을 섬기고, 이 신뢰가 부부 사이에 가장 중요한 예의이기 때문이다.

현대사회에서는 그렇지 않은 경우도 많지만, 과거 유교를 삶의 중심으로 하던 전통 사회에서는 한 번 결혼하게 되면, 죽을 때까지, 또는 그 이후에도 평생에 걸쳐 부부(夫婦)로서 함께 해야만 했다. 그

---

55) 夫昏禮, 萬世之始也. 娶於異姓, 所以附遠厚別也. 幣必誠, 辭無不腆, 告之以直信. 信, 事人也. 信, 婦德也. 一與之齊, 終身不改. 故夫死不嫁. 男子親迎, 男先於女, 剛柔之義也. 天先乎地, 君先乎臣, 其義一也. 執摯以相見, 敬章別也. 男女有別然後, 父子親, 父子親然後, 義生, 義生然後, 禮作, 禮作然後, 萬物安. 無別無義, 禽獸之道也.

러므로 남편이 죽어도 아내는 다른 사람에게 시집가지 않는 것이
도리였다.

옛날에는 남자가 직접 아내를 맞이하여, 남자가 여자에게 먼저
청혼(請婚)하였다. 이는 '남자는 강하고 여자는 부드럽다'라는 음양
(陰陽)의 원리에 따른 풍습이다. 그것은 강한 하늘이 부드러운 땅에
대해 먼저 행하는 자연의 질서를 인간사회에 응용했다고 볼 수 있
다. 즉 어떤 일을 할 때, 지도자가 보좌관에게 먼저 지시하는 것과
동일한 의미이다.

결혼할 때, 폐백으로 결혼 예물을 준비하여 만나는 것은 상대방
을 공경하고 남편과 아내를 명확하게 분별하기 위한 일이다.

미래에 부모가 될, 남편과 아내의 역할을 명확하게 분별한 다음,
부모와 자식 사이의 관계가 '직접적 피붙이'라는 것이 드러난다.

부모와 자식 사이의 관계가 친밀하다는 것을 보여준 다음, 올바
른 의리가 생긴다. 올바른 의리가 생긴 뒤에 예의가 갖추어진다. 예
의가 갖추어진 뒤에 세상의 모든 사물이 각기 제 자리를 찾아 안정
을 이룬다.

이 세상에 남자와 여자의 분별이 명확하지 않고, 부모와 자식 사
이에 올바른 도리가 서지 않으면, 그런 인생은 짐승이 본능에 따라
살아가는 것과 다를 바 없다.

**4**

『예기』「증자문」에 이렇게 기록되어 있다.[56]

아내를 맞이한 집안에서는 3일 동안 즐거운 음악 연주를 하지 않는다.

왜냐하면 결혼하여 새 식구가 된 아내가 어떻게 시부모의 뜻을 이어가야 할 것인지, 신중하게 고민할 수 있도록, 적응할 분위기를 마련해 줘야 하기 때문이다.


**5**

『예기』「교특생」에 이렇게 기록되어 있다.[57]

결혼은 인생에서 매우 중요한 행사이다. 하지만 결혼 자체를 무턱대고 축하하지만은 않는다. 왜냐하면 결혼을 통해 부모의 뜻을 자식이 이어가야 하는, 세대와 세대 사이의 교대가 이루어지므로, 그만큼 신중하고 진지하게 고민해야 하기 때문이다.


**6**

『예기』「내칙」에 이렇게 기록되어 있다.[58]

---

56) 取婦之家, 三日不擧樂, 思嗣親也.

57) 昏禮不賀, 人之序也.

58) 禮, 始於謹夫婦, 爲宮室, 辨內外, 男子居外, 女子居內, 深宮固門, 閽寺守之, 男不入, 女不出. 男女不同椸枷, 不敢懸於夫之楎椸, 不敢藏於夫之篋笥, 不敢共湢浴. 夫不在, 斂枕篋, 簟席襡, 器而藏之. 少事長, 賤事貴, 咸如之.

결혼을 통해, 예의를 분명하게 밝혀야 한다. 그 예의는 남편과 아내 사이에 상호 존중에서 시작된다.

결혼하여 살려면, 먼저 집이 있어야 한다. 물론, 과거 농경사회의 집은 현대의 아파트나 서양식 건물과는 다른 양식이다. 옛날에는 그랬다.

집을 지을 때는 안쪽과 바깥쪽을 구분하여, 남편은 바깥쪽에 거처하고 아내는 안쪽에 거처한다. 집의 구조상 안쪽을 깊숙하게 만들고, 중간에 문을 달아 굳게 닫아걸고, 또 문지기가 지키도록 한다. 남편은 안쪽에 들어가지 않고 아내는 바깥쪽으로 나오지 않는다. 이른바 내외(內外) 구분이다. 흔히, 아내는 '내(內)'에 속하기에 '안사람'이라 하고, 남편은 '외(外)'에 속하기에 '바깥양반'이라고 한다.

남편과 아내는 옷을 걸어 보관하는 횃대와 시렁을 함께 사용하지 않는다. 횃대와 시렁은 현대식으로 본다면 옷장이나 옷걸이에 해당한다. 아내는 함부로 남편의 옷걸이와 횃대에 자기의 의복을 걸지 않고, 함부로 남편의 상자에 자기의 물건을 보관하지 않으며, 함부로 남편이 사용하는 욕실에서 목욕하지 않는다.

남편이 집 안에 있지 않을 경우, 누울 때 쓰던 베개를 거두어 상자에 보관하며, 대자리와 돗자리를 보자기로 싸서 소중하게 보관한다.

젊은이가 어른을 모시고 천한 사람이 귀한 사람을 섬기는 일도 모두 이와 같이 한다.

## 7

『대대례』「본명해」와 『공자가어』에 이런 기록이 있다.[59]

여자는 상황에 맞추어 알맞게 사람을 따라야 한다. 제멋대로, 자의적 판단으로 뜻을 헤아려서 행동하면 곤란을 당할 수 있다. 여자에게는 세 가지 따라야 하는 길이 있는데, 이른바 '삼종지도(三從之道)'이다. 현대 민주주의 사회는 남녀노소를 막론하고 '자유'와 '평등'에 원리로 생활한다. 따라서 특정한 계층 또는 여자에게만 이런 의무를 부과하는 것은 타당하지 않다. 그러나 과거 봉건사회에서는 여자의 생활양식에서 그런 윤리 질서가 당연한 도리이자 예의로 부과되었다.

여자가 따르고 지켜야 할 세 가지 길, 그 삼종지도는 다음과 같다.

하나, 결혼하기 전에 친정에 있을 때는 부모를 따른다.

둘, 다른 집안에 시집가서는 남편을 따른다.

셋, 남편이 죽으면 자식을 따른다.

---

59) 婦人, 伏於人也. 是故, 無專制之義, 有三從之道. 在家從父, 適人從夫, 夫死從子, 無所敢自遂也. 敎令, 不出閨門, 事在饋食之間而已矣. 是故, 女及日乎閨門之內, 不百里而奔喪, 事無擅爲, 行無獨成. 參知而後動, 可驗而後言, 晝不遊庭, 夜行以火. 所以正婦德也. 女有五不取. 逆家子, 不取. 亂家子, 不取. 世有刑人, 不取. 世有惡疾, 不取. 喪父長子, 不取. 婦有七去. 不順父母去. 無子去. 淫去. 妬去. 有惡疾去. 多言去. 竊盜去. 有三不去. 有所取, 無所歸, 不去. 與更三年喪, 不去. 前貧賤後富貴, 不去.

이때 함부로 생각하거나 스스로 무언가를 만들어서는 안 된다.

집안에서 보고 들은 것은 집안에서 나가지 않게 해야 한다. 집안에서 여자가 할 일은 음식을 마련하며 가족이 일상생활을 잘하도록 내조하는 것뿐이다.

그러므로 여자는 집안에서 일상을 보내야 한다. 간혹, 100리가 넘는 먼 지역에서 친인척의 초상(初喪)이 났다고 할지라도 조문(弔問)을 가서는 안 된다. 또한 일을 제멋대로 해서도 안 되고, 행실을 독단으로 해서도 안 된다. 어떤 일이건, 참여하여 알게 한 뒤에 행동하도록 하며, 분명한 증거를 가지고 말해야 한다. 낮에는 함부로 집안의 정원에 나다니지 않고, 밤에 안채를 다닐 때는 등불을 사용해야 한다. 이것이 부인으로서의 도덕을 바르게 하는 방법이다.

'삼종지도'를 여성의 절대적 윤리처럼 여겨온 과거 전통 사회의 도덕은 현대적 시각에서 보면 매우 불합리하다. 그러나 보편적인 '인생 주기'의 상황 논리, 즉 인생의 '초반'인 어린 시절과 결혼하여 가정을 일구는 '중반'과 나이가 들어 노인이 된 '후반'으로 나누어 보면, 그럴듯한 측면도 있는 듯하다. 여자의 윤리가 아니라 일반적인 인간 사회의 도덕으로 본다면, 사람은 어릴 때는 부모에게 의존하고, 결혼해서는 배우자에게 의존하며, 나이가 들어 경제활동을 하기 어려운 상황에서는 자식에게 의존한다! 물론, 현대는 달라진 결혼 문화나 부부생활, 노후의 연금제도 등 다양한 사회제도가 인생 진로에

영향을 미치므로, 과거와는 전혀 다른 문화 풍토이기는 하다.

또한 결혼할 때, 결혼 상대자로 거론하지 않는 집안의 자식도 신중하게 고민해야 한다. 다음과 같은 다섯 가지에 해당하는 여자는 결혼 상대자로 취하지 않는다.

첫째, 반역한 집안의 자식

둘째, 음란한 집안의 자식

셋째, 대대로 형벌을 받은 집안의 자식

넷째, 대대로 나쁜 질병이 있는 집안의 자식

다섯째, 부모를 잃은 집안의 맏딸

결혼한 부인의 경우, 다음과 같은 일곱 가지에 해당하는 행동을 하면 집안에서 내쫓는다. 흔히 말하는 '칠거지악(七去之惡)'이다.

첫째, 시부모가 시키는 일에 순종하지 않을 때

둘째, 대를 이을 자식을 낳지 못했을 때

셋째, 음란한 행동을 했을 때

넷째, 집안 사람들에게 질투하여 분란을 일으킬 때

다섯째, 고치기 힘든 질병이 있을 때

여섯째, 말이 많아 실수가 잦을 때

일곱째, 도둑질하여 집안을 망신시켰을 때

이 일곱 가지 행동을 했다고 무조건 내쫓는 것은 아니다. 내쫓을 수 없는 경우도 있다. 이를 '삼불거(三不去)'라고 한다.

첫째, 결혼할 때는 친정집이 있었으나 쫓겨났을 때 돌아갈 곳이 없을 때

둘째, 시부모를 잘 모시고 돌아가신 후에도 남편과 함께 3년 상을 지냈을 때

셋째, 결혼하기 전에는 남편의 집안이 가난하고 천했으나 결혼한 이후 남편의 집안을 부유하고 귀하게 만들어 집안을 일으켰을 때

과거 전통 사회에서, 여자의 일생이 왜 이렇게도 힘든 것일까? 결혼을 '인륜지대사(人倫之大事)', 즉 인간의 삶에서 아주 중요한 일이라고 했는데, 여자에게 부과하는 차별이 너무나 크게 보인다. 평등을 강조하는 민주주의 사회에서는 과거에 당연하게 여겼던 차등이나 차별을 동일한 생활양식으로 적용해서는 안 된다. 그렇게 할 수도 없다! 어쩌면 과거 전통은 사라져야 할 봉건적 악습일 수도 있다. 대신, 백번 양보하여 긍정적 의미를 부여한다면, 반드시 현대적 시각에서 재해석해야 한다. 그것은 여자에게만 해당하는 일이라기보다, 남녀 구별 없이, 인간사회의 일반 윤리로 고민하여 현대생활에도 의미 있는 개념으로 다시 설정해야 한다.

## □ '어른과 아이' 사이의 윤리

### 1

『맹자』「고자」상에 이런 말이 있다.[60]

보조를 맞추어 천천히 걸어가며 어른의 뒤를 따라가는 것을 '공경하는 자세'라고 한다. 자기가 가고 싶은 대로 빨리 걸어가며 어른을 앞질러 가는 것을 '공경하지 않은 태도'라고 한다.

여기, 걸음걸이로 비유한 인간의 예의, 즉 '공경(恭敬)'과 '불경(不敬)'은 정상적인 사고방식을 지닌 사람이라면 누구나 실천할 수 있는 문제이다. 어른을 모시고 천천히 걸어가는 것은 사람이라면 '할 수 있는 일상 예절'이다. 그런데 할 수 있고, 또는 지킬 수 있는데도 '자신이 스스로 하지 않는 것'이 걱정이다. 이는 '할 수 있는 일'과 '할 수 없는 일'의 문제가 아니라, '할 수 있는 일'인데도 '하지 않는', 사람 구실과 책무성과 연관된 사안이다.

### 2

『예기』「곡례」에 이렇게 기록되어 있다.[61]

아버지와 뜻을 같이하는 친구, 즉 부모의 동지(同志)를 보았을 때, 자식은 신중하게 행동해야 한다. 나오라고 얘기하지도 않는데 함

---

60) 徐行後長者, 謂之悌. 疾行先長者, 謂之不悌.
61) 見父之執, 不謂之進, 不敢進. 不謂之退, 不敢退. 不問, 不敢對.

부로 나아가서는 안 된다. 물러가라고 얘기하지도 않는데 함부로 물러가서도 안 된다. 묻지도 않는데 함부로 대답해서도 안 된다.


### 3

『예기』 「곡례」에 이렇게 기록되어 있다.[62]

나보다 나이가 2배가 많으면, 아버지처럼 모셔라.

나이가 10년이 많으면, 형처럼 섬겨라.

나이가 5년이 많으면, 걸을 때 어깨를 나란히 하되, 조금 뒤에 서서 따르며 존중의 뜻을 표하라.


### 4

『예기』 「곡례」에 이렇게 기록되어 있다.[63]

어른에게 나아가 어떤 사안에 대해 의논할 때, 반드시 어른이 수시로 앉을 의자와 피곤할 때 짚고 다닐 지팡이를 잡고 따라가며 모셔야 한다.

어른이 어떤 사안에 관해 물으면, 먼저 그것에 대해, 겸손한 자세로 잘 모르는 것처럼 사양하라.

그것이 예의이다. 그렇지 않고, 잘난 체하거나 아는 체하며 자기의 의견을 정답처럼 말하는 것은 어른을 모시는 예의가 아니다.

---

62) 年長以倍, 則父事之. 十年以長, 則兄事之. 五年以長, 則肩隨之.

63) 謀於長者, 必操杖以從之. 長者問, 不辭讓而對, 非禮也.

**5**

『예기』「곡례」에 이렇게 기록되어 있다.[64]

선생을 모시고 따라갈 때, 저 길 건너에 아는 사람이 지나간다고 할지라도, 길을 건너가 그들과 함부로 말하지 않아야 한다.

선생을 길에서 만나면, 즉시 나아가 바로 서서 두 손을 모으고 예의를 표한다. 선생이 어떤 사안에 대해 말씀을 하면 그에 대답하고, 말씀을 하지 않으면 종종걸음으로 물러간다.

어른을 모시고 언덕처럼 가파른 곳으로 올라가면, 반드시 어른이 어디를 보고 오르는지 잘 살피면서, 어른이 오르는데 불편이 없도록 해야 한다.

**6**

『예기』「곡례」에 이렇게 기록되어 있다.[65]

어른이 함께 손을 잡아 이끌어 주면, 두 손으로 어른의 손을 잡고 받들어라.

어른이 칼을 차듯이 어린 나를 옆에 끼고, 입 가까이 몸을 당기면서 친근하게 말을 하면, 입냄새가 나거나 침이 튀지 않도록 입을 가리고 대답해야 한다.

---

64) 從於先生, 不越路而與人言. 遭先生於道, 趨而進, 正立拱手. 先生, 與之言則對. 不與之言則趨而退. 從長者而上丘陵, 則必向長者所視.

65) 長者與之提携, 則兩手, 奉長者之手. 負劍辟咡詔之, 則掩口而對.

## 7

『예기』「곡례」에 이렇게 기록되어 있다.[66]

어른이 거처하는 공간을 청소할 때, 지켜야 할 예의가 있다. 반드시 빗자루를 쓰레받기 위에 놓고, 소매로 앞을 가리고 뒤로 물러나면서 쓸어낸다. 특히, 먼지가 어른에게 가지 않도록 쓰레받기를 자기 쪽으로 향하여 먼지를 거두어 담는다.

## 8

『예기』「곡례」에 이렇게 기록되어 있다.[67]

선생을 모시고 앉았을 때 지켜야 할 예의가 있다.
선생이 물으면, 선생의 질문이 끝나고 난 후에 대답하라!
학업을 요청할 때는 일어나서 간곡하게 부탁하라!
더 물어볼 사안이 있을 때는 일어나서 여쭈어라!

## 9

『예기』「곡례」에 이렇게 기록되어 있다.[68]

존귀한 손님 앞에서는 집안에서 키우던 개도 꾸짖지 않는다. 음식을 사양할 때는 이러쿵저러쿵 말하며 함부로 침을 뱉지 않는다. 잘못하면 손님을 무시한다는 오해를 받을 수 있기 때문이다.

66) 凡爲長者糞之禮. 必加帚於箕上, 以袂, 拘而退. 其塵, 不及長者. 以箕, 自向而扱之.
67) 侍坐於先生. 先生問焉, 終則對. 請業則起. 請益則起.
68) 尊客之前, 不叱狗, 讓食不唾. 侍坐於君子, 君子欠伸, 撰杖屨, 視日蚤莫, 侍坐者, 請出矣.

윗사람을 모시고 앉아 함께 이런저런 얘기를 할 때는 그 분의 태도를 잘 살펴야 한다. 윗사람이 하품이나 기지개를 켜고, 어디론가 나가려고 지팡이와 신발을 찾고, 해가 어디쯤 떠 있는지를 살피는, 그런 행동을 하면, 모시고 앉은 사람은 재빨리 눈치를 채고, '물러가겠다!'라고 해야 한다.

## 10

『예기』「곡례」에 이렇게 기록되어 있다.[69]

윗사람을 모시고 앉았을 때, 그분이 하던 이야기의 화제를 바꾸어 물으면 일어나서 대답한다.

윗사람을 모시고 앉아 있는데, 그 분에게 무언가를 보고하려는 사람이 '조금 한가하시면 보고하겠습니다!'라고 할 때는, 곧바로 그것을 막은 다음 기다리도록 한다.

## 11

『예기』「곡례」에 이렇게 기록되어 있다.[70]

어른을 모시고 술을 마실 때, 술이 나오면 일어나 술병이 있는 곳에 가서 인사하고, 술잔을 받는다. 어른이 인사하는 것을 사양하고, '잘 마시라!'고 허용하면, 젊은 사람은 자기 자리로 돌아와서 마

---

69) 侍坐於君子, 君子問更端, 則起而對. 侍坐於君子, 若有告者曰, 少間, 願有復也, 則左右屛而待.
70) 侍飮於長者, 酒進則起, 拜受於樽所. 長者, 辭, 少者, 反席而飮. 長者, 擧未釂, 少者, 不敢飮.

신다. 어른이 술잔을 들었으나 술을 다 마시지 않았는데, 젊은 사람
이 함부로 모두 마셔서는 안 된다.

옛날에는 지금과 같은 자유로운 음주 문화가 형성되지 않았다.
모든 생활 법도가 예법(禮法)에 따라 정해져 있었던 만큼, 나이 차이
에 따라, 또는 지위나 신분의 고하에 따라, 음주 예절이 달랐다. 과거
전통 사회에서, 음주 문화를 비롯한 여러 예법은 인간 구실을 제대
로 할 수 있느냐의 여부, 또는 인간 됨됨이를 판단하는 일종의 가늠
쇠 역할을 하였다. 그런 자리에서 비난받지 않아야 사람으로서 제대
로 인정받는 그런 문화 풍토가 조성되어 있었다. 이런 분위기에서 어
찌 자유롭게 자신의 개성이나 능력을 드러낼 수 있겠는가! 그것이 과
거 전통적 봉건 질서를 지속하려는 신분 계급 사회의 한계이다.

## 12

『예기』「곡례」에 이렇게 기록되어 있다. [71]

어른이 무언가를 주면 젊은 사람과 지위가 낮은 천한 사람은 함
부로 사양해서는 안 된다.

어른을 모시고 함께 음식을 먹을 때, 음식을 더 내오더라도 그
음식을 사양하지 않는다. 다른 사람과 짝을 이루어 앉았을 때도 음
식을 사양하지 않는다.

---

71) 長者, 賜, 少者, 賤者不敢辭. 御同於長者, 雖貳, 不辭, 偶坐不辭.

**13**

『예기』「곡례」에 이렇게 기록되어 있다.[72]

윗사람을 모시고 있을 때, 주변에 함께 있는 사람들을 돌아보지 않거나 바라보지 않고, 제멋대로 윗사람의 물음에 대답하는 것은 예의 없는 행동이다.

다시 말하면, 사람들이 함께 모여 어떤 일을 도모하고 있을 때, 현재 상황을 잘 살펴야 한다. 이른바 '분위기 파악'을 할 수 있어야 하는 것이다. 상황이나 분위기 파악도 하지 않은 채, 자기 하고 싶은 대로 행동하는 것은 무례한 짓이다.


**14**

『예기』「소의」에 이렇게 기록되어 있다.[73]

자기보다 지위나 등급이 월등히 높은 윗사람에 대해서는, 감히 그 나이를 묻지 않아야 한다. 개인적으로 만나고 싶을 때도 사람을 시켜 말을 전달해서는 안 된다.

또한 길에서 우연히 어른을 만나게 되었을 때는 앞으로 가서 뵙기는 하되, 어디를 가시는지 그 방향이나 목적지를 함부로 묻지 않아야 한다.

어른을 모시고 앉았을 때, 시키지 않았는데 비파나 거문고와 같

---

72) 侍於君子, 不顧望而對, 非禮也.

73) 尊長, 於己, 踰等, 不敢問其年. 燕見, 不將命. 遇於道, 見則面, 不請所之. 侍坐, 弗使, 不執琴瑟, 不畫地, 手無容, 不翣也. 寢則坐而將命.

은 악기를 잡고 연주하지 않으며, 지팡이나 막대기로 땅을 긋지 않으며, 손으로 장난하지 않으며, 덥더라도 부채질하지 않아야 한다.

어른이 누워 계시면서 어떤 일을 시키면, 누워 계신 위치의 눈높이에 맞도록 꿇어앉아 어른의 말씀을 듣고 전달해야 한다.

## 15

『예기』 「왕제」에 이렇게 기록되어 있다. [74]

사람은 나이에 따라 상황에 따라 적절한 예의를 갖추어야 한다.

길을 갈 때, 아버지와 비슷한 연세에 있는 분과 함께 걸을 때는 뒤 따라간다. 형과 비슷한 연배인 분의 경우에는 조금 쳐져서 기러기가 줄을 지어 날아갈 때처럼 간다. 친구 사이에는 어깨를 나란히 하여 걸으며 서로 앞서가지 않는다.

짐을 지거나 들고 가는 상황에서는, 젊은 사람의 경우, 가벼운 짐은 혼자 지고 무거운 짐은 나누어져 들고 간다. 그렇게 젊은 사람들이 힘을 조금 더 써서, 머리가 희끗희끗한 늙은 사람이 짐을 들고 다니지 않게 해야 한다.

지도층 인사인 어른은 그 지위에 맞게 걸어 다니지 않고 수레를 타고 다니게 한다.

일반 서민이지만 나이가 든 어른은 끼니를 굶지 않고 반찬을 고

---

74) 父之齒, 隨行, 兄之齒, 雁行, 朋友, 不相踰. 輕任幷, 重任分, 頒白者, 不提挈. 君子耆老, 不徒行, 庶人耆老, 不徒食.

루 갖춘 식사를 할 수 있게 해드려야 한다. 이것이 젊은 사람으로서 해야 할 예의이다.

## 16

『논어』「향당」에 이런 말이 있다.[75]

어느 시골 마을의 사람들이 잔치를 벌여 술을 마실 때, 지팡이를 짚고 다니는 어른들이 모두 술을 마시고 자리를 끝내면, 그때 젊은 사람들도 술자리를 끝내고 따라 나갔다. 그것이 술자리에서의 예의이다.

현대사회에서는 회식이나 단체 모임의 양상이 이전과 많이 달라졌지만. 아직도 이런 모습이 보인다. 마을 잔치가 아니더라도, 어떤 파티나 조직에서 회식할 때도 그러하다. 예의상 윗사람이 그 자리를 정돈하고 나서야 아랫사람들이 그에 맞추어 자리를 정리하는 경우가 있다.

---

75) 鄕人飮酒, 杖者出, 斯出矣.

## □ '동료-친구' 사이의 윤리

### 1

인간의 삶에서 참으로 소중한 관계 가운데 하나가 친구라는 존재이다. 학창 생활을 같이했던 동창이나 동문, 함께 직장을 다니며 동고동락한 동료, 또는 사회의 각종 모임을 통해 만나게 된 인연 등, 다양한 형태의 친구들이 인생의 한 축을 형성한다. 어쩌면 몇몇 친구들의 영향이 인생을 좌우할 경우도 있다. 그만큼 중요하다.

『논어』「안연」에 이런 말이 있다.[76]

훌륭한 인격을 지닌 사람은 글을 함께 하며 벗을 만나고, 벗과 더불어 사랑하는 마음씨를 함양한다. 벗을 만나 더불어 공부하고 우정을 나누며 사랑을 베푸는, 이것이 그 유명한 '이문회우(以文會友)', '이우보인(以友輔仁)'이다.

친구라는 존재는 단순하게 희희낙락하면서 어울려 놀기만 하는, 장터 놀이터 같은 것이 결코 아니다. 진정한 친구는 삶에 활력을 주는 교양을 갖추고, 같은 뜻을 가지고 공부에 정진하고, 일상의 도덕을 갈고 닦으며, 서로를 보듬어 줄 수 있는 인격적 존재이다. 그러기에 친구들과 함께 하는 공동체는, 삶에 보람을 느낄 수 있는 인간적 품위를 유지하도록, 서로를 격려하며 포용하며 삶의 질을 고양하는 지성의 요람이다.

---

76)  君子, 以文會友, 以友輔仁.

영국의 철학자 프란시스 베이컨(Francis Bacon, 1561~1626)은 그의 『에세이』에서 언급하였다.

진정한 우정이 없으면 세계는 황야(荒野)에 지나지 않는다. 우정의 주된 열매는 가득 차서 부풀어 오른 마음을 편안(便安)하게 만들고 발산(發散)시켜 준다. 모든 종류의 감정이 원인이 되어 그런 상태를 불러일으킨다. 그렇게 마음을 여는 처방은 참된 친구만이 할 수 있다! 친구에게는, 슬픔이나 기쁨, 무서움이나 희망, 의심이나 충고, 마음에 걸리고 덮쳐오는 일 등, 모든 것을 털어놓고 말할 수 있다. 종교적인 것과는 무관한 일종의 세속적 고백이랄까! 참회(懺悔)와 같은 것을 거리낌 없이 할 수 있다. 친구는 그때그때, 상황에 따라서 필요한 말을 해도 배려해 주는 존재이다. 굳이 친구의 인품이나 수준에 맞추어서 하지 않아도 된다. 그러나 친구가 없다면, 어찌할 것인가? 인간사회, 그 안에 자리하는 인생의 무대를 떠나야 하지 않을까?

## 2

『논어』「자로」에 이런 말이 있다.[77]

동료와 친구 사이에는 정성(精誠)을 다하여 사귀어라!

서로 권면하고 격려하는 자세로 우정(友情)을 나누어라!

형제자매 사이에는 화기애애하게 우애(友愛)를 다져라!

---

77)  朋友, 切切偲偲, 兄弟, 怡怡如.

**3**

『맹자』「이루」하에 이런 말이 있다.[78]

착한 일을 실천하도록 서로에게 '책임감'을 부여하는 일, 그것이 동료와 친구 사이의 도리이다.

책선(責善)! 즉 친구끼리 옳은 일을 하고 바른길을 가도록 서로 권해주는 일, 그것은 진정성 있는 충고(忠告: advice)와 지적(指摘), 때로는 격려와 위로를 통해 구현되기도 한다. 서로에게 교육자가 되어주는, 의미 있는 멘토(mentor)라고나 할까?


**4**

『논어』「안연」에 이런 말이 있다.[79]

공자의 제자 자공이 친구와 사귀는 방법을 물었다. 그러자 공자가 이렇게 말하였다.

"진정으로 충고해 주어라!

친구의 언행에 대해 정직하고 충실하게 말해주고, 착한 일을 하도록 이끌어 주어라!

그렇게 성심성의껏 마음을 다했는데도 친구가 말을 듣지 않으면, 그만두어라!

왜냐하면 자꾸 말하고 이끌어 주려고 하면, 고집을 피우는 것처

---

78) 責善, 朋友之道也.
79) 子貢, 問友. 孔子曰, 忠告而善道之, 不可則止, 毋自辱焉.

럼 보여, 친구 사이에 금이 가고, 서로 치욕스럽게 될 수 있기 때문이다."

## 5

『논어』「위령공」에 이런 말이 있다.[80]

어떤 나라에 살거나 조직에 근무하게 되었을 때, 다음 두 가지 사항을 잘 살펴라.

첫째, 그 나라의 지도자 가운데 현명한 사람을 섬겨라.

둘째, 그 조직의 구성원 가운데 포용력 있는 사람을 친구로 삼아라.

그것이 개인적으로나 사회적으로 발전 가능성이 훨씬 높다.

## 6

『논어』「계씨」에 이런 말이 있다.[81]

동료나 친구의 언행을 잘 살펴보면, 그 사람이 어떤 존재인지 파악할 수 있다. 어떤 친구는 나에게 유익하지만, 어떤 친구는 하는 일마다 손해를 끼친다.

나에게 유익한 세 부류의 친구가 있다. 반면, 나에게 손해를 끼치는 세 부류의 친구도 있다.

---

80) 居是邦也, 事其大夫之賢者, 友其士之仁者.
81) 益者三友, 損者三友. 友直, 友諒, 友多聞, 益矣. 友便, 友善柔, 友便, 損矣.

바르고, 성실하며, 들은 것이 많은 벗! 그런 친구는 나에게 유익하고 내 인생의 성장에 도움이 된다.

외모만을 따지고, 고분고분하기만 하며, 말만을 앞세우는 벗! 그런 친구는 나에게 손해를 끼치고, 내 인생에도 상당한 영향을 미친다.

# 7

『맹자』「만장」하에 이런 말이 있다.[82]

친구를 사귈 때는 늘 신중하고 조심하라! 자기가 연장자임을 내세우거나 귀한 집안사람임을 내세우거나 형제가 많음을 내세우는 자와 사귀어서는 곤란하다.

친구는, 그 친구가 '어떤 인격을 갖추고 있느냐?'를 보고 벗으로 삼을 뿐이다. 나이가 어떻고, 집안이 어떻고, 형제자매들이 어떻고, 이런 형식적인 것을 우정에 끼워 넣어 사귀어서는 안 된다.

벗을 사귀는 일을 비롯하여 사람을 만날 때, 가장 유의해야 할 일은 '상호 존중'이다. 상호 간에 각자가 지닌 개성이나 덕망을 존중하고, 대신, 경제적 부유함이나 정치적 권세 등을 개입시켜서는 안 된다. 또한 자신의 신분을 이용하여 오만을 피워서도 안 된다.

---

82) 不挾長, 不挾貴, 不挾兄弟而友. 友也者, 友其德也. 不可以有挾也.

**8**

『예기』「곡례」에 이렇게 기록되어 있다.[83]

인격을 제대로 갖춘 사람은 남이 기쁘게 해주기를 바라지 않는다.

남이 충성스럽게 해주기도 바라지 않는다.

그런 만큼 사람을 사귈 때, 기쁘게 해주거나 충성스럽게 한 일에 치우치지 않고 우정 자체를 온전하게 한다.


**9**

『예기』「곡례」에 이렇게 기록되어 있다.[84]

지도자급 인사와 실무자급 인사가 서로 만날 때, 그 지위로 보면 현저하게 차이가 난다. 하지만 주인과 손님의 입장이라고 가정해 보자. 이 경우에는 주인에 대해 손님이 존중해 주면 주인은 손님에게 먼저 인사한다. 손님에 대해 주인이 존중해 주면 손님은 주인에게 먼저 인사한다. 그것이 사람 사이의 예의이다. 문제는 어떤 처지나 상황이건, 인간의 품격에 대한 '존중'이다.


**10**

『예기』「곡례」에 이렇게 기록되어 있다.[85]

　　주인이 묻지 않았는데, 손님이 먼저 말을 꺼내지는 않는다.

---

83) 君子, 不盡人之歡, 不竭人之忠, 以全交.

84) 　大夫士相見, 雖貴賤, 不敵. 主人敬客, 則先拜客. 客敬主人, 則先拜主人.

85) 主人不問, 客不先擧.

## □ 두루 통하는 일반적 예절

**1**

『효경』에 이런 기록이 있다.[86]

아무리 지도층 인사일지라도, 부모를 모시는 자세가 효성스러워야 한다. 그래야 그런 마음을 확장하여 최고지도자에게 충실할 수 있다.

형을 섬기는 것이 공경스러워야, 그것을 바탕으로 윗사람에게 공경할 수 있다.

집안에서 생활하는 태도가 모범적이어야, 그것을 바탕으로 어떤 관직이나 직장에 나가더라도 모범이 될 수 있다.

그러므로 사람은 어릴 때부터 집안에서 훌륭한 인성을 갖추도록 공부해야 한다. 그래야만 그런 인격을 바탕으로 사회생활을 통해 인간의 품위를 높이고 본보기가 되어, 그 이름이 후세까지 드날리게 되는 것이다.

이것이 다름 아닌 '출세(出世)'이다. 출세는 단순히 지위를 높이고 돈을 많이 버는 일에 그치는 것이 아니다. 훌륭한 인격으로 사람들에게 감동을 줄 때, 진정으로 '출세'라는 말을 붙일 수 있다.

---

86) 君子之事親孝, 故忠可移於君. 事兄悌, 故順可移於長. 居家理, 故治可移於官. 是以行成於內, 而名立於後世矣.

## 2

『효경』에 이런 기록이 있다. [87]

인생에서 충고(忠告)는 매우 귀한 삶의 자산이다. 하지만 인간들은 대부분 자신을 비판하는 사람은 싫어하고 자신을 칭찬하는 사람은 좋아한다. '양약고구(良藥苦口)!' '몸에 좋은 약은 입에 쓰다!'라고 하지 않았던가. 인간의 잘못된 언행을 바로잡아 주는 충고야말로, 그 말이 잘못을 저지른 만큼 폐부(肺腑)를 치르지 않겠는가!

어떤 기관이나 기업 대표 등, 최고지도자급 인사에게 충고를 잘 해주는 보좌관이나 참모, 또는 직장 동료 일곱 사람이 있으면, 그 지도자가 조금 무능하더라도 조직을 잃지 않는다.

중간급 간부에게 충고를 잘해주는 보좌관이나 참모, 또는 동료 다섯 사람이 있으면, 그 가 조금 무능하더라도 조직을 잃지 않는다.

조그만 조직의 대표에게 충고를 잘 해주는 보좌관이나 참모, 또는 동료 세 사람이 있으면, 그 조직의 대표는 어떤 일이건 잘하는 사람이라고 좋게 소문날 수 있다.

부모에게 충고를 잘 해주는 자식이 있으면 부모는 정당하지 않거나 바르지 않는 일에 절대 휘말리지 않는다.

그러므로 올바르지 않은 일을 저지르고 정의를 훼손당하면, 자식은 부모에게 충고하지 않을 수 없다. 조직 내의 보좌관이나 참모,

---

87) 天子有爭臣七人, 雖無道, 不失其天下. 諸侯有爭臣五人, 雖無道, 不失其國. 大夫有爭臣三人, 雖無道, 不失其家. 士有爭友, 則身不離於令名. 父有爭子, 則身不陷於不義. 故當不義, 則子不可以弗爭於父, 臣不可以弗爭於君.

또는 직장의 동료들도 자신이 모시고 있는 기관장이나 대표 등, 지도층도 마찬가지이다. 잘못을 저지르거나 오류가 발생하여 조직이 엉뚱한 방향으로 가면 충고하지 않을 수 없는 것이다.

### 3

'군사부일체(君師父一體)'라는 말이 있다. '부모'와 '스승'과 '임금'이 동일한 위치에서 논의되는 유명한 말이다. 이 세 존재를 동일한 위상에 자리매김하는 이유는 여러 가지로 설명할 수 있지만, 아주 간단하게 도식할 수 있다. 부모는 자식을 낳아 '양육'하고, 스승은 사람을 '교육'하며, 임금은 한 나라의 지도자로서 국민의 '생명 안전'에 힘쓴다. 역할 분담의 차원에서 보면 그렇게 묘사할 수 있다는 말이다.

이 지점에서 과거와 현재의 부모와 스승, 그리고 군주의 가치가 어떤 것인지, 한번 대비하면서 교육의 문제를 고민할 필요가 있다. 현대적 의미로 보면, 스승은 '교사', 군주는 '대통령이나 각종 지방자치단체의 기관장, 또는 다양한 기업체의 대표' 등으로 전환하여 적용할 수 있다.

『예기』「단궁」에 이렇게 기록되어 있다.[88]

옛날, 군주제 농경사회에서 부모를 모시는 방법은 다음과 같았다.

---

88)  事親, 有隱而無犯. 左右就養, 無方. 服勤至死, 致喪三年. 事君, 有犯而無隱. 左右就養, 有方. 服勤至死, 方喪三年. 事師, 無犯無隱. 左右就養, 無方. 服勤至死, 心喪三年.

부모가 언행을 잘못하여 충고할 때는, 조용하게 다른 사람들이 알아채지 못하게 한다. 목소리를 높이며 함부로 고함치며 덤벼들어서는 안 된다. 부모를 봉양할 때는 언제 어디서건 상황에 맞게 한다. 죽을 때까지 힘을 다하여 부모를 위해 부지런히 일한다. 부모가 돌아가시면 최고의 예의를 갖추어 장례를 치른다.

최고지도자인 임금을 섬기는 방법은 다음과 같다.

지도자가 잘못을 저질렀을 때는 공정하게 대처할 수 있도록 최선을 다해 충고한다. 이때 얼렁뚱땅, 조용하게 봐주면서 뒤로 일 처리를 해서는 안 된다. 지도자를 모실 때는 직책에 맞게 한다. 죽을 때까지 힘을 다하여 지도자를 위해 부지런히 일한다. 지도자가 돌아가시면 최고의 예의를 갖추어 장례를 치른다.

스승을 모시는 방법은 다음과 같다.

스승을 섬길 때는 덤벼들어서도 안 되고, 남들이 보지 않는 데서 조용하게 충고해서도 안 된다. 스승을 모실 때는 언제 어디서건 상황에 맞게 한다. 죽을 때까지 힘을 다해 스승을 위해 부지런히 일한다. 스승이 돌아가시면 최고의 예의를 갖추어 장례를 치른다.

## 4

『국어』「진어」에 이런 기록이 있다.[89]

---

89) 欒恭子曰, 民生於三. 事之如一. 父生之, 師敎之, 君食之. 非父不生, 非食不長, 非敎不知, 生之族也. 故一事之. 唯其所在, 則致死焉. 報生以死, 報賜以力, 人之道也.

난공자가 말하였다.

인간은 세 사람 덕분에 제대로 살 수 있다. 그러므로 이 세 분 섬기기를 한결같이 해야 한다. 그것이 인간의 도리에 부합한다. 한 분은 부모이고, 다른 한 분은 스승이며, 또 다른 한 분은 최고지도자인 임금이다. 앞에서 말한 '군사부(君師父)'이다.

부모는 나를 낳아 주었다!

스승은 나를 가르쳐준다!

임금은 나를 먹여 주고 지켜준다!

부모가 아니었다면 나는 태어나지 못했다. 스승이 가르쳐주지 않는다면 나는 세상을 알지 못한다. 국가의 지도자가 먹여 주지 않는다면 나는 성장하지 못한다.

이 세 분 모두, 나를 이 세상에 존재하고 살게 해주는 고마운 사람들이다. 그러므로 죽을 때까지 한결같이, 힘을 다하여 세 분을 잘 모셔야 한다.

나를 살게 해준 은혜에 보답할 때는 죽음으로써 하고, 물건으로 은혜를 베풀어 준 것에 보답할 때는 힘닿는 데까지 그 은혜를 갚는 것이 사람의 도리이다.


**5**

『춘추좌전』「소공」26년에 이런 기록이 있다.[90]

---

90) 君令臣恭, 父慈子孝, 兄愛弟敬, 夫和妻柔, 姑慈婦聽, 禮也. 君令而不違, 臣恭而不貳. 父慈而教, 子

지도자는 조직의 구성원에게 업무 지시 명령을 하고, 구성원은 지도자에게 공손하게 대한다. 부모는 자식을 사랑하고 자식은 부모에게 효도한다. 형은 아우를 사랑하고 아우는 형을 공경한다. 남편은 아내와 서로 응하고 아내는 남편에게 유순한 태도로 대한다. 시어머니는 며느리를 사랑하고 며느리는 시어머니에게 순종한다. 이것이 사람으로서 행해야 할 예의이다.

지도자가 구성원에게 업무 지시 명령을 할 때는 도리에 어긋나지 않게 하고, 구성원이 지도자에게 공손하게 대할 때는 다른 마음을 먹지 않고 충실해야 한다.

부모는 자식을 사랑하되 세상을 살아가는 여러 가지 일에 대해 가르쳐야 하고, 자식은 부모에게 효도하되 잘못하는 일에 대해서는 충고해야 한다.

형은 아우를 사랑하되 도와 줄 때는 친구를 대하는 것처럼 하고, 아우는 형을 공경하되 형에게 순종한다.

남편은 아내에게 응하되 의롭게 하며, 아내는 남편에게 유순하되 올바르게 해야 한다.

시어머니는 며느리를 사랑하고 따르며, 며느리는 시어머니에게 순종하고 온순해야 한다.

이것이 인간으로서 예의를 실천하는 기본 사례이다.

---

孝而篤. 兄愛而友, 弟敬而順. 夫和而義, 妻柔而正. 姑慈而從, 婦聽而婉. 禮之善物也.

## 6

『대대례』「증자질병」과 『설원』에 이런 기록이 있다. [91]

일가친척이 기뻐하지 않는 상황에서는, 일가친척 이외의 외부 사람과 함부로 사귀지 않는다.

가까운 친척과 친하게 지내는 사람이 아니면, 관계가 먼 사람을 함부로 찾지 않는다.

작은 일에 대해 제대로 살피지 못했다면, 큰일에 대해 감히 말하지 않는다.

인간의 삶에는 다양한 차원이 존재한다. 100세를 누리며 건강하게 사는 가운데 질병이 있고, 노년기도 있고, 중장년기도 있고, 청년기도 있고, 소년기도 있고, 유년기도 있다. 그러므로 훌륭한 인성을 지닌 사람은 안다. '인생은 다시 돌아올 수 없다!' 이런 사실을 생각하며, 먼저 사람들에게 베풀면서 산다.

친인척이 죽은 다음, 이제부터 효도하려고 하지만 누구를 위해 효도하겠는가!

나이가 들어 늙은 뒤, 이제부터 어른을 공경하려고 하지만 누구를 위해 공경하겠는가!

그러므로 효도는 아무리 해도 미치지 못함이 있다. 공경은 아무리 잘해도 때가 아님이 있다.

91) 親戚不悅, 不敢外交. 近者不親, 不敢求遠. 小者不審, 不敢言大. 故人之生也, 百歲之中, 有疾病焉, 有老幼焉. 故君子, 思其不可復者, 而先施焉. 親戚旣沒, 雖欲孝, 誰爲孝. 年旣耆艾, 雖欲悌, 誰爲悌. 故孝有不及, 悌有不時.

**7**

인간이 행하는 모든 일에는 처음과 끝이 있다. 그 시작과 종결의 긴 여정 사이에는 무수한 일이 발생한다. 그 일들은 '게으름'과 '부지런함', '책무성의 유무' 사이에서, 성공과 실패로 결판난다.

『설원』「경신」에 이런 기록이 있다. [92]

직장에 취직했을 경우, 안정된 직장을 얻은 안도감에 빠져 업무를 소홀히 하려는 마음이 생길 수 있다.

병이 난 경우, 병이 조금 나은 것 같은 느낌이 올 때 '안심하려는' 마음이 생기다 보니 이전보다 더 심해질 수 있다.

인생의 재앙은 '게으름'에서 생겨난다.

결혼하여 처자식이 생기면서부터 부모를 모시는 일에 소홀히 하게 되기 쉽다.

직장, 질병, 재앙, 효도 등 인생에서 이 네 가지를 잘 살펴라! 처음 다짐했던 마음가짐이 함부로 흩어지면 곤란하다. 상황이 바뀌었고, 바꾸지 말아야 할 근본까지 무너뜨렸을 때, 인생의 끝이 어떨지를 깊이 생각하라! 처음 가졌던 마음가짐을 되새겨보라. 처음처럼!

『시경』에 이런 구절이 있다.

"모든 사람에게 시작이 있으나 제대로 끝내는 사람이 드물다네!"

---

92) 官怠於宦成. 病加於小愈. 禍生於懈惰. 孝衰於妻子. 察此四者, 愼終如始. 詩曰, 靡不有初, 鮮克有終.

**8**

『순자』「비상」에 이런 말이 있다.[93]

인간에게 세 가지 좋지 않은 버릇, 즐겨하지 않으려는 일이 있다.

첫째, 어리고 젊은 사람이 어른이나 늙은 사람을 모시는데 즐겨하지 않은 것

둘째, 천하고 낮은 자리에 있는 사람이 귀하고 높은 자리에 있는 사람을 섬기는데 즐겨하지 않는 것

셋째, 어리석은 사람이 현명하고 똑똑한 사람을 섬기는데 즐겨하지 않는 것

왜 그럴까?


**9**

『순자』「천론」에 이런 말이 있다.[94]

일상생활에서는 가능한 한 쓸데없는 말을 줄여라.

급하지 않은 일을 허겁지겁 대며 하지 않아야 한다.

그러나 조직 공동체의 지도자와 구성원 사이에 해야 할 일, 부모 자식 사이에 지켜야 할 예의, 남편과 아내 사이에 지키고 실천해야 할 일들에 대해서는 날마다 갈고 닦으며 성숙도를 높여 가야 한다.

---

93) 人有三不祥. 幼而不肯事長. 賤而不肯事貴. 不肖而不肯事賢.

94) 無用之辯, 不急之察, 棄而不治. 若夫, 君臣之義, 父子之親, 夫婦之別, 則日切磋而不舍也.

# 제4장 자신의 몸가짐에 대한 깨우침

제4장은 『소학』「내편」에서 '경신(敬身)'의 내용을 정돈한 것이다. '경신'은 나 자신의 존재에 대한 깨달음과 깨우침을 담고 있다.

무엇보다도 먼저, 나를 존중하라! 그것은 훌륭한 인격을 지닌 사람의 모범적 생활을 존경하는 자세에서 우러나와야 한다. 특히, 인간의 품격을 높이는 인성을 함양하고 성찰하는 차원에서, 그것을 깨닫지 못하고 있는 어리석은 사람은 자신의 몸가짐에 대한 이해, 자기와 타자에 대한 배려를 충분히 고려해야 한다.

나는 누구인가? 나에게 세상은 무엇인가? 나와 너, 그리고 우리는 어떤 삶을 추구하는가?

## □ 마음가짐과 씀씀이

### 1

『대대례』「무왕천」에 이런 기록이 있다.[95]

진정으로 자신을 깨우쳐 게으른 태도를 극복하는 사람은 삶이 순탄하게 된다.

반대로 게으른 태도가 자신을 깨우치는 일보다 큰 비중을 차지하는 자는 삶이 나락으로 떨어진다.

올바른 도리가 욕망에 빠진 마음을 이기는 사람은 순조롭게 살아가게 된다.

욕망에 빠진 마음이 올바른 도리를 이기는 자는 삶이 나쁜 방향으로 치닫는다.

### 2

『예기』「곡례」에 이렇게 기록되어 있다.[96]

지도자는 자신의 언행을 수시로 성찰하고 깨우침이 깊어야 한다. 엄숙히 생각하고, 말을 차분하게 해야 국민이 편안하게 생각한다. 지도자는 오만함을 키워서는 안 된다. 욕심을 제멋대로 부리거

---

95) 敬勝怠者, 吉, 怠勝敬者, 滅. 義勝欲者, 從, 欲勝義者, 凶.

96) 毋不敬, 儼若思, 安定辭, 安民哉. 敖不可長, 欲不可縱, 志不可滿, 樂不可極. 賢者, 狎而敬之, 畏而愛之, 愛而知其惡, 憎而知其善, 積而能散, 安安而能遷. 臨財毋苟得, 臨難毋苟免, 毋求勝, 分毋求多. 疑事毋質, 直而勿有.

나 자기 생각대로만 뜻을 뽐내거나 즐거움에 빠져 지내서도 안 된다.

현명한 사람은 인간을 똑바로 파악할 줄 안다. 친하게 지내면서도 존중하고, 두려워하면서도 사랑하며, 사랑하면서도 그 단점을 알고, 미워하면서도 그 장점을 알며, 재물을 모으되 나눌 줄 알고, 편안함을 제대로 알고 편안하게 여기되 올바른지 아닌지를 분별하며 그에 합당하게 한다.

재물을 보고서는 억지로 얻으려 하지 말라!

혼란을 마주치면 억지로 벗어나려 하지 말라!

다툼이 생기면 억지로 이기려 하지 말라!

무언가를 나눌 때는 많이 분배받을 것을 원하지 말라!

의심나는 일이 있으면 곧바로 꾸짖어 바로 잡지 말라!

올바르게 의견을 개진하면서도 선입견은 갖지 말라!

## 3

『논어』「안연」에 이런 말이 있다.[97]

예의가 아니면 보지 말라!

예의가 아니면 듣지 말라!

예의가 아니면 말하지 말라!

예의가 아니면 행동하지 말라!

---

97) 非禮勿視, 非禮勿聽, 非禮勿言, 非禮勿動.

『논어』에서 공자는 제자 안연을 앉혀 놓고 진지하게 말한다.

인생을 살면서, 개인의 이기적 탐욕을 극복하고 사회적 공공성을 회복해야 한다! 이 언표가 그 유명한 '극기복례(克己復禮)'이다. 극기복례는 사람 구실을 하는 기본 원리이자 방식이고, 개인적·사회적 책무성을 완수하는 삶의 양식이다. 평소에 개인의 사사로운 욕심을 극복하고 사회적 공공심을 회복하면, 이 인간사회 자체가 정말 아름다운 세상으로 변모한다. 그것이 다름 아닌 '열린 마음'이자 개방성이다. 유학의 제일 덕목으로 내세우는 한 글자! 바로 '인(仁)'이다.

이 인의 실천은 자신에게 달려 있다. 절대 다른 사람을 핑계할 문제가 아니다! '인(仁)'으로 상징되는 열린 마음이나 사람 구실을 다하는 책무성, 사회적 공공성을 중시하는 '예(禮)'는 인간 생활의 핵심 문제이다.

다시, 자기의 개인적 욕심을 조절하고, 사회적 도덕을 회복하라! 극기복례!


## 4

인간사회에는 중요한 일들이 많지만, 크게 두 가지로 나누어 이해할 수 있다. 하나는 사람을 만나는 것이고 다른 하나는 일을 하는 것이다. 만남과 사업!

『논어』「안연」에 이런 말이 있다.[98]

문밖에 나가 사람을 만날 때는 귀한 손님을 뵙듯이 한다. 사람에게 일을 시키며 부릴 때는 큰 제사를 지낼 때처럼 존중을 표한다.

어떤 상황이건, 자기가 원하지 않는 것은 남에게도 베풀지 말아야 한다. 그것이 훌륭한 인격을 지닌 사람의 모습이다.

이는 인간관계와 사업을 할 때, 존중과 존경, 포용과 배려의 마음가짐으로 임하는 것과 같다. 앞에서 말한 '열린 마음', 즉 '인(仁)'의 기준이다. 내가 먼저 존중하고 존경하는 마음을 가져보라! 그렇게 포용하고 배려하는 마음이 상대에게 미치면, 나의 이기적인 욕심이 자리할 곳이 없다! '욕망'이라는 개념은 인생에서 해체된다. 이는 '자기 충실'과 '타자 배려'에서 우러나온다. 사사로운 욕심이 무장해제될 때, 마음이 열리고 포용력이 힘을 발휘한다.


## 5

『논어』「자로」에 이런 말이 있다.[99]

평소에 공손한 자세로 임하고, 어떤 일을 맡았을 때는 신중하게 최선을 다하며, 다른 사람과 더불어 충실히 이행해야 한다.

이런 생활 태도는 어떤 지역에 가서 살더라도 버려서는 안 된다. 제대로 된 사람이라면, 누구나 인정해 주는 건전한 삶의 자세이기

---

98) 出門如見大賓. 使民如承大祭. 己所不欲, 勿施於人.
99) 居處恭, 執事敬, 與人忠. 雖之夷狄, 不可棄也.

때문이다.

## 6

『논어』「위령공」에 이런 말이 있다.[100]

사람은 하는 말이 충실하고 신뢰가 있어야 한다. 사람의 행실은 최선을 다하고 진정성이 있어야 한다. 그렇다면 어떤 지역이나 어떤 조직에 가서 활동하더라도 그가 원하는 뜻을 이룰 수 있다.

이와 반대로, 그 사람이 하는 말이 충실하지 못하고 신뢰가 없으며, 그 사람의 행실이 최선을 다하지 않고 진정성이 없으면, 아무리 자기가 사는 지역이라 하더라도 그가 원하는 뜻을 절대 이룰 수 없다!

## 7

엄밀하게, 논리적으로 따져보면, 교육의 차원에서 생각과 행동을 구분하기란 쉽다. 일반적으로는 '깊이 생각하고 행동하라!'고 한다. 그러나 어떤 경우에는 생각과 동시에 행동으로 표출되기도 하고, 때로는 행동하는 가운데 또 생각이 떠오르기도 한다. 중요한 것은 생각과 앎과 행위의 차원이 통일을 지닐 때, 그에 관련된 사안이 온전해질 수 있다.

---

100) 言忠信, 行篤敬, 雖蠻貊之邦, 行矣. 言不忠信, 行不篤敬, 雖州里, 行乎哉.

『논어』「계씨」에 이런 말이 있다.[101]

훌륭한 인성을 갖춘 사람은 일상생활에서 어떤 활동을 하기 전에 깊이 생각한다. 그것을 아홉 가지 생각이라고 한다.

하나, 어떤 상황을 눈으로 볼 때는 명확하게 볼 것을 생각한다.

둘, 어떤 일에 대해 귀로 들을 때는 정확하게 들을 것을 생각한다.

셋, 사람을 만날 때는 낯빛을 온화하게 할 것을 생각한다.

넷, 사람을 만날 때는 용모를 공손하게 가질 것을 생각한다.

다섯, 사람들과 대화할 때는 말을 성실하게 할 것을 생각한다.

여섯, 어떤 일을 맡아서 할 때는 그 일에 책임감을 가지고 신중하게 할 것을 생각한다.

일곱, 어떤 상황을 마주하여 의심스러움이 있을 때는 그것에 대해 질문할 것을 생각한다.

여덟, 어떤 상황에서 화가 날 때는 나중에 그 화로 인해 당할 수 있는 어려움을 생각한다.

아홉, 물건을 얻어서 이익을 보는 상황이 생기면 그것을 가져도 괜찮은지의 여부를 생각한다.

이것이 다름 아닌, 유학의 생활 지침, 또는 인생 공부의 방법을 지시하는 아홉 가지 생각, 그 유명한 '구사(九思)'의 요목이다. 이는 유교 전통 사회의 생활 규범이자 예의범절로 강조되었다. 보고 듣는

---

101) 君子, 有九思. 視思明, 聽思聰, 色思溫, 貌思恭, 言思忠, 事思敬, 疑思問, 忿思難, 見得思義.

일을 비롯하여 이 아홉 가지는 평소 생활에서 구체적으로 벌어지는 일상이다. 공자가 이런 요청을 감행한 것은 간단하다.

이 아홉 가지로 상징되는 생각과 행위는 '날마다 일어나는 일이다! 그러니, 매일 생각하고 진실하게 다가가라! 그리하여 자신을 성찰하고 단속하라!'

## 8

『논어』「태백」에 이런 말이 있다.[102]

훌륭한 인격을 갖춘 사람은 인생의 길에서 소중하게 여기는 것, 세 가지가 있다.

첫째, 용모를 움직일 때는 포악함과 오만함을 멀리한다.

둘째, 낯빛을 바로 할 때는 성실하고 진실한 모습에 가깝게 한다.

셋째, 말문을 열 때는 천박하거나 도리에 어긋난 태도를 멀리한다.

## 9

『예기』「곡례」에 이렇게 기록되어 있다. [103]

예의는 먼 곳에 있지 않다. 일할 때는 절도를 넘지 않고, 다른 사람을 침해하거나 업신여기지 않으며, 깔보기를 좋아하지 않는 것이다.

---

102) 君子, 所貴乎道者三. 動容貌, 斯遠暴慢矣. 正顔色, 斯近信矣. 出辭氣, 斯遠鄙背矣.

103) 禮, 不踰節, 不侵侮, 不好狎. 修身踐言, 謂之善行.

이렇게 자기의 몸을 성찰하고 말을 행동으로 실천하는 것을 '착한 행실'이라고 한다.

## 10

『예기』「악기」에 이렇게 기록되어 있다.[104]

훌륭한 인격을 갖춘 사람은 보고 듣는 것이 분명하다. 정확하게 들어야 할 귀로 옳지 않은 간사한 소리를 듣지 않는다. 명확하게 보아야 할 눈으로 지나치게 현란하여 헷갈리게 만드는 색깔을 보지 않는다.

마음으로는 도리에 어긋난 사람과 어울려 즐기지 않고, 엉큼하게 숨기며 예의 있는 척하는 사람을 만나지 않는다.

몸으로는 게으른 모습을 보이지 않고, 정상을 벗어나는 기운으로 호기를 부리지 않는다.

자기 몸에 있는 눈, 귀, 코, 입, 심장 등 모든 기관을 정상적으로 발휘하여, 올바른 자각을 통해 정의를 실천한다.

## 11

『논어』「학이」에 이런 말이 있다. [105]

훌륭한 인격을 갖춘 사람의 언행이나 의식주 생활은 모자람도

---

104) 君子, 姦聲亂色, 不留聰明. 淫樂慝禮, 不接心術. 惰慢邪辟之氣, 不設於身體. 使耳目鼻口, 心知百體. 皆由順正, 以行其義.

105) 君子, 食無求飽, 居無求安, 敏於事而愼於言, 就有道而正焉, 可謂好學也已.

지나침도 없는 중도(中道)의 길을 추구한다.

음식을 먹을 때는 알맞게 먹고 지나치게 욕심내어 배부르게 먹지 않는다.

거처하는 공간은 적당하게 하고 지나치게 안락한 장소를 구하지 않는다.

맡은 일을 할 때는 무엇보다도 재빠르게 하고, 쓸데없는 말을 하지 않고 상황에 맞는 말을 한다.

그리고 인간으로서 모범이 될 만한 사람을 찾아가 그 사람의 행동을 본받는다.

이런 사람이라면, '삶의 기예(技藝)에 대해 배우기를 좋아한다!'라고 칭찬할 만하다.


## 12

『국어』「진어」에 이런 기록이 있다.[106]

인간은 세 부류가 있다.

첫째, 가장 급수가 높은 사람이다. 인간의 품위가 생생하게 살아 있는 교육받은 인간(educated man)에 속한다. 그는 사람들이 내세우는 의리를 존중하고, 그것을 어기면 병이 날 것처럼 두려워한다. 보편적인 것을 존중하면서도 주체적으로 행동한다. 이런 사람은 스승이나 다른 사람이 주입하는 별도의 교육보다 스스로 학습하는 자

---

106) 畏威如疾, 民之上也. 從懷如流, 民之下也. 見懷思威, 民之中也.

율적 인간이다. 자기교육을 주도적으로 이어가며 인생을 계발한다. 간략하게 말하면, 수양과 단련의 대가이다.

둘째, 가장 급수가 낮은 사람이다. 인간의 품위가 거의 없이 딱딱하게 박제된 유품처럼 교육받지 못한 인간에 속한다. 그는 다른 사람이 마음으로 품어 주면 그냥 물 흐르듯이 따라온다. 주체적이지 못하고 아무 생각 없이 따르는 사람이다. 이런 사람은 구체적으로 교육하려고 해도 그저 소극적으로 임하거나 큰 관심을 보이지 않는다. 자기 계발할 의지가 희박하다. 그저 현실에 안주하고 다른 사람이 시키는 대로 존재하는 수동적 인간으로 전락한다.

셋째, 중간급 정도 되는 사람이다. 인간의 품위가 제대로 유지되지 않는 어정쩡한 존재이다. 그는 다른 사람이 마음으로 품어 주면 그 품어 주는 것을 보고, 사람들이 내세우는 의리를 나름대로 존중하는 듯하면서도 보편적이고 객관적인 기준에 대해 확신하지 못하고 눈치를 본다. 이런 존재야말로 교육이 문제가 된다. 교육이 인생을 좌우할 수도 있다. 교육을 잘 받으면 품격이 높은 사람으로 나아갈 수 있고, 교육을 받지 않으면 급수가 낮은 사람으로 전락할 수도 있다.

『논어』「계씨」에도 이와 유사한 언표가 있다.

"태어나면서 아는 사람은 가장 뛰어나다. 배워서 아는 사람은 다음이다. 막히면 애써서 배우는 사람은 그 다음이다. 막혀도 배우지 않으면 세상 사람들도 그를 가장 아래에 있는 사람이라고 한다."

유학은, 가장 중요한 경전인 『논어』의 첫대목에 '학이시습(學而時習)'이라고 했듯이, 배우고 익히는 '학습(學習)'의 문제를 가장 중시하는 철학이라고 보아도 무방하다. 그 배움의 철학은 배워서 이룰 수 있는 인간의 등급을 넷으로 나눈다. 여기서 눈여겨 볼 대목이 있다. 인간의 본질이나 본성에 차이는 두되, 배움의 결과는 같다는 점이다. 즉 현명한 사람이건 우둔한 사람이건 관계없이, 사람 사이에는 '기질(氣質)의 정도' 차이만이 존재할 뿐이다. 배워서 알고 사람다움을 추구하는 일은 누구에게나 동등하게 열려 있다.

문제는 다시, 인간이다. 세상 이치에 대해 제대로 알지 못해, 현실적으로 곤란을 겪고 있으면서도 배우지 않는 존재들! 아무 생각 없이 앉아 있는 멍청한 인간들, 특히, 자신의 인생을 펼쳐나가는데 전혀 애쓰지 않고 노력하지 않는 자는 옛날부터 가장 어리석고 개념 없는 멍청한 존재로 취급하였다.

이런 삶의 태도는, 단순하게 어떤 일을 잘하느냐 못하느냐, 그런 능력을 갖추고 있느냐 없느냐의 문제가 아니다. 개인적이건 사회적이건, 인간의 삶에 관한 '의식적'이고 '자각적'이며 '주체적'인 깨달음을 요청한다. 자신에 대한 진솔한 성찰과 그에 따른 수양의 자세를 갖추라는 의지와 노력에 관한 주문이다.

어떤 인간이건 재능이 없는 존재는 없다! 재능이 다를 뿐이다.

그런데 왜, '재능이 없다! 능력이 없다! 난 안된다!'라고 소리치는 가? 정도가 다른, 사람마다의 기질 차이를 이해하라. 그리고 각기 다른 재능을 발현하여 자신의 삶을 즐겁게 이행하라. 그렇게 노력하 며 성취해 나가는 존재야말로, 최고 급수의 사람이고 가장 뛰어난 인간이다.

## ☐ 예법에 맞는 몸가짐

### 1

『예기』「관의」에 이렇게 기록되어 있다. [107)

인간이 짐승과 달리 사람으로 인정받고 대접받는 이유는 아주 간단하다. 인간으로서 '예의'가 있기 때문이다.

개인으로서 예의의 시작은 '몸짓'과 '낯빛'과 '말문'에 있다. 즉 몸가짐을 바르게 하고, 낯빛을 온화하게 하며, 말을 점잖게 하는 행동이 갖추어져야, 훌륭한 인격을 가진 사람으로서 예의가 정립된 것이다.

이 개인적 예의가 바탕이 되어야, 한 사회의 지도자와 구성원 사이의 의리, 부모와 자식 사이의 도리, 어른과 아이 사이의 예절을 확장할 수 있다. 이 예절을 지킬 때, 그 사회의 예의가 확립되는 것이다.

### 2

『예기』「곡례」에 이렇게 기록되어 있다. [108)

다른 사람의 말을 들을 때는 삐딱한 태도로 귀를 기울여 듣지

---

107) 凡人之所以爲人者, 禮義也. 禮義之始, 在於正容體, 齊顔色, 順辭令. 容體正, 顔色齊, 辭令順而後, 禮義備. 以正君臣, 親父子, 和長幼. 君臣正, 父子親, 長幼和而後, 禮義立.

108) 毋側聽, 毋噭應, 毋淫視, 毋怠荒, 遊毋倨, 立毋跛, 坐毋箕, 寢毋伏, 斂髮毋髢, 冠毋免, 勞毋袒, 暑毋褰裳.

않아야 한다.

다른 사람의 말에 대답할 때는 고함을 치며 못마땅한 듯이 응답하지 않아야 한다.

다른 사람의 행동을 지켜볼 때는 곁눈질하며 떨떠름한 태도로 보지 않아야 한다.

자기가 맡은 일을 할 때는 게으르거나 제멋대로 함부로 행동하지 않아야 한다.

길거리를 다닐 때는 거만하게 행동하지 않아야 한다.

서 있을 때는 한쪽 발로 짝다리를 짚고 서 있지 않아야 한다.

앉아 있을 때는 두 다리를 죽 뻗고 태평스럽게 앉아 있지 않아야 한다.

잠을 잘 때는 앞쪽으로 엎드려서 자지 않아야 한다.

머리를 손질할 때는 단정한 모습을 하고 멋대로 헝클이지 않아야 한다.

모자를 쓸 때는 상황에 맞게 가지런히 눌러쓰고 수시로 벗었다 썼다 하지 않아야 한다.

옷을 입었을 때는 약간 불편하더라도 윗도리를 벗지 말아야 한다.

옷을 입었을 때는 조금 더운 기운이 느껴지더라도 아랫도리를 걷지 말아야 한다.

**3**

『예기』「곡례」에 이렇게 기록되어 있다.[109]

어떤 사람의 집에 방문했을 때는 노크하거나 소리를 내면서 '사람이 왔다!'라는 신호를 보낸다.

문밖에 신발이 두 켤레가 있다면 두 사람이 방 안에 있음을 추측할 수 있다. 이때, 두 사람이 대화하는 소리가 들리면 방으로 들어가고, 말소리가 들리지 않으면 들어가지 않는다.

문을 열고 안으로 들어갈 때는 시선을 반드시 아래로 내리고, 문고리를 잘 잡고, 다른 곳에 신경을 쓰며 시선을 돌려서는 안 된다.

원래 문이 열려 있었다면 방 안에 들어가더라도 문을 열어 두고, 원래 문이 닫혀 있었다면 방문을 열고 들어가면서 문을 닫는다. 뒤따라 들어오려는 사람이 있으면 문을 닫더라도 완전히 닫지 말아야 한다.

방안에 들어올 때 다른 사람의 신발을 밟지 않아야 하고, 방안에 들어와서는 다른 사람의 자리를 밟지 말아야 한다. 더구나 다른 사람에게 방해가 되지 않도록 옷을 잘 여미고 한쪽 모퉁이의 빈자리로 가되, 함부로 사람들과 대화하며 응답하는 것을 삼가야 한다.

---

109) 將上堂, 聲必揚. 戶外有二屨, 言聞則入, 言不聞則不入. 將入戶, 視必下, 入戶奉扃, 視瞻毋回. 戶開亦開, 戶闔亦闔. 有後入者, 闔而勿遂. 毋踐屨, 毋踖席. 摳衣趨隅, 必愼唯諾.

**4**

『예기』「옥조」에 이렇게 기록되어 있다.[110]

훌륭한 인격을 갖춘 사람의 용모는 가슴을 쫙 펴고 걸음걸이에 여유가 있다. 존경하는 사람을 만났을 때는 더욱 공경하고 행동을 조심해야 한다.

걸을 때의 발 모양은 무겁게 하고, 평소 손 모양은 공손하게 한다.

눈은 치켜뜨거나 부릅뜨지 않고 단정한 모양을 하고, 입은 함부로 조잘대지 말고 상황에 맞는 말을 하되 할 말이 없을 때는 굳게 다문다.

목소리는 차분하게 하고, 머리는 삐딱하지 않고 똑바로 들며, 숨을 쉴 때는 한탄 섞인 숨소리를 내지 않고 자연스럽게 쉰다.

서 있을 때는 씩씩하고 늠름한 자세를 취하고, 얼굴 모양은 환하면서도 태연해야 한다.


**5**

『예기』「소의」에 이렇게 기록되어 있다.[111]

비밀스러운 공간에 대해서는 함부로 엿보지 말고, 주변 사람을

---

110)  君子之容, 舒遲. 見所尊者, 齊遫. 足容重, 手容恭, 目容端, 口容止, 聲容靜, 頭容直, 氣容肅, 立容德, 色容莊.

111)  不窺密, 不旁狎. 不道舊故, 不戲色. 毋拔來, 毋報往. 毋瀆神, 毋循枉. 毋測未至. 毋訾衣服成器. 毋身質言語.

너무 가볍게 보아서는 안 된다.

예전에 다른 사람이 저지른 잘못을 다시 들춰내어 말하지 말고, 이유 없이 사람을 함부로 희롱해서는 안 된다.

사람을 만날 때, 예고 없이 갑작스럽게 오지 말고, 또 예고 없이 갑작스럽게 가지 말라.

신성한 일은 모독하지 말고, 잘못된 일은 따라서는 안 된다.

아직 오지 않은 일에 대해 이러쿵저러쿵 함부로 예측하지 말라.

이미 만들어 놓은 의복이나 사용하고 있는 기물에 대해 이런저런 핑계를 대며 나무라지 말라.

자신이 직접 겪어 보고 의심스러운 말이 있으면 그것을 꾸짖어 바로 잡으려 하지 말라.


## 6

『논어』「향당」에 이런 말이 있다.[112]

수레 안에서 이쪽저쪽을 살피며 돌아보아서도 안 되고, 이것저것 손짓을 해서도 안 된다. 왜냐? 수레를 모는 사람이 혼란스러워 위험해질 수 있기 때문이다.

인생의 모든 일에서도 마찬가지이다. 어떤 일을 하건, 몰입하거나 집중하지 않고 산만하게 처리할 경우, 그 일은 온전하게 이루어질 수 없다. 엉성하게 마무리되어, 항상 위험 요소를 내포할 수밖에 없다.

112) 車中, 不內顧, 不親指.

**7**

『예기』「곡례」에 이렇게 기록되어 있다.[113]

사람을 만났을 때, 시선이 상대방의 얼굴 위를 쳐다보면 교만해 보인다. 반대로 허리띠 아래를 내려다보면 뭔가 걱정이 있는 사람처럼 느껴진다. 특히, 상대방을 똑바로 보지 않고 삐딱하게 보거나 눈을 굴리면서 보는 것은 옳지 않다.


**8**

『논어』「향당」에 이런 말이 있다.[114]

훌륭한 인격을 갖춘 공자와 같은 사람은 자신이 사는 지역사회에서는 믿음직하면서도 말을 잘하지 못하는 것처럼 행동하였다.

그러나 관직에 나아가거나 직장에서는 자신이 맡은 임무에 맞게 그 책무성만큼이나 말을 명확히 하였고, 말할 때는 무엇보다도 신중하게 하였다.

조직 사회에서 아래 사람과 얘기할 때는 아래 사람이 맡은 일을 제대로 하고 있는지 그렇지 않은지 판단하여, 그에 합당하게 정확하게 말하였다. 윗사람과 얘기할 때는 조심하면서도 잘못된 일에 대해서는 진정으로 충고해 주었다.

---

113) 視上於面則敖, 下於帶則憂, 傾則姦.

114) 孔子於鄉黨, 恂恂如也. 似不能言者. 其在宗廟朝廷, 便便言. 唯謹爾. 朝, 與下大夫言, 侃侃如也. 與上大夫言, 誾誾如也.

**9**

『논어』「향당」에 이런 말이 있다.[115]

음식을 먹을 때에 말을 하지 않아야 한다.

잠을 잘 때도 말을 하지 않아야 한다.

어떤 일을 하건, 일을 하는 동안에는 그 일에 집중하여 충실히 임해야 한다.


**10**

『의례』「사상견례」에 이렇게 기록되어 있다.[116]

최고지도자와 말할 때는 조직의 구성원을 어떻게 대해야 하는지에 대해 얘기한다.

지도자의 보좌진이나 참모들과 말할 때는 지도자를 어떻게 모셔야 하는지에 대해 얘기한다.

집안의 어른과 말할 때는 집안의 자제들을 어떻게 대해야 하는지에 대해 얘기한다.

어린아이나 자식들과 말할 때는 부모에게 어떻게 효도하고 형제자매가 우애 있게 지내는지에 대해 얘기한다.

일반인들과 말할 때는 자신이 맡은 일에 충실하고 상호신뢰하는 방법이나 서로 사랑하고 착한 일을 권하도록 한다.

115) 食不語, 寢不言.
116) 與君言, 言使臣, 與大人言, 言事君. 與老者言, 言使弟子, 與幼者言, 言孝悌于父兄. 與衆言, 言忠信慈祥. 與居官者言, 言忠信.

공직자와 말할 때는 주어진 임무와 그에 따른 본분에 충실하고 어떻게 국민에게 신뢰감을 주어야 하는지를 얘기한다.

이처럼 인간은 자신이 구체적으로 처한 현실을 기준으로, 그와 연관된 인생의 합리적 언행을 모색해야 한다. 그것이 삶에 대한 예의이다. 그렇지 않고 자신의 현실과는 무관한 현학적 형이상학에 집착하거나 매몰될 경우, 현실에 없는 일들을 상상하게 되고, 실제적 삶과 동떨어질 수 있다. 자신이 주제나 내용에서 사라진 수많은 얘기는 인생에서 사치이거나 삶에 대한 무례로 전락할 수 있다.

## 11

『논어』 「향당」에 이런 말이 있다. [117]

자리가 바르지 않으면 앉지 않는다. 즉 제자리가 아니면 앉지 말라!

어떤 사람이 앉거나 설 '자리가 바르지 않다!'라는 말은 '예의에 어긋난다!'라는 뜻이다. '인간됨'이나 '사람다움'은 사회에서 올바른 도리를 실천해야 하는 존재로 자리매김했을 때, 붙여주는 인간의 품격이다.

위의 짧은 구절은 도리에 어긋나거나 바르지 않은 곳에 처신할 경우, '그런 사람과는 함께 하지 않겠다!'라는 처세의 엄격함이 돋보이는 언표이다. '석부정(席不正), 부좌(不坐)!'

---

117) 席不正, 不坐.

## 12

『논어』「향당」에 이런 말이 있다.[118)]

집안에 초상이 나서 상복(喪服) 입은 사람을 보면 아무리 절친한 사이일지라도 반드시 낯빛을 슬프게 해야 한다.

국민을 위해 봉사하는 공직자나 시각장애인과 같은 사회적 약자를 보면 개인적으로 만나더라도 반드시 그에 합당한 예의를 갖춰야 한다.

수레를 타고 가다가 상복 입은 사람을 보게 되면 잠시 머리를 숙여 예의를 갖춰야 한다.

이런 것이 인간의 도리이다.


## 13

『논어』「향당」에 이런 말이 있다. [119)]

잠잘 때는 죽은 사람처럼 뻣뻣하게 자지 않아야 한다.

평소 집 안에서 생활할 때는 외출할 때처럼 차려입거나 화려하게 모양을 내지 않는다.


## 14

『논어』「술이」에 이런 말이 있다.[120)]

---

118) 見齊衰者, 雖狎必變. 見冕者與瞽者, 雖褻, 必以貌. 凶服者, 式之, 式負版者.
119) 寢不尸, 居不容.
120) 燕居, 申申如也, 夭夭如也.

평소에 한가하게 지낼 때는 몸을 활짝 펴고 낯빛은 온화하게 한다.

한가하게 지내는 시간은 현대적 의미의 '휴식'이자 '휴가'이다. 휴식이나 휴가는 일상에 활력을 불어넣기 위한 중요한 삶의 방식이다. 일상에 지쳤을 때, 직장에서 돌아와 집에서 쉴 때, 또는 힐링(healing)을 할 만한 공간을 찾아 휴가를 즐길 때, 인간은 긴장의 끈을 풀고 마음의 화평을 요청한다. 이때 함께 하는 가족이나 친구들과 말할 때는 자상하고, 안색은 온화하게 하며 돈독한 분위기를 살리고 즐거운 기분으로 몸의 에너지를 충전하며, 다시 일상을 회복해야 한다. 말하자면, '회복탄력성(回復彈力性: resilience)'을 제고할 필요가 있는 것이다.

## 15

『예기』「곡례」에 이렇게 기록되어 있다. [121]

사람들과 함께 앉아 있을 때는 팔을 옆으로 뻗어서는 안 된다. 다른 사람에게 방해가 된다.

서있는 사람에게 물건을 줄 때는 무릎을 꿇거나 앉아서 주어서는 안 된다. 마찬가지로 앉아 있는 사람에게 물건을 줄 때는 서서 주어서는 안 된다. 눈높이가 맞지 않기 때문이다.

---

121) 坐不橫肱, 授立不跪, 授坐不立.

## 16

『예기』「곡례」에 이렇게 기록되어 있다.[122)]

사람들이 붐비는 도시 한 복판에서는 고속도로처럼 빠르게 차를 달리지 않아야 한다.

내가 사는 지역사회로 오면, 반드시 그 지역사회의 문화에 합당한 예의를 지켜야 한다.


## 17

『예기』「소의」에 이렇게 기록되어 있다.[123)]

빈 그릇을 잡을 때는 무언가 가득 차 있는 그릇을 잡듯이 조심해야 한다.

빈방에 들어갈 때는 그 방에 사람이 있는 것처럼 조심해서 방에 들어가야 한다.

---

122) 入國不馳, 入里必式.
123) 執虛, 如執盈. 入虛, 如有人.

## □ 음식과 식사 예절[124]

### 1

『예기』「곡례」에 이렇게 기록되어 있다.[125]

사람들과 여럿이 더불어 음식을 먹을 때는 자기 혼자 배부르게 먹으려고 해서는 안 된다.

여럿이 더불어 밥을 먹을 때는 밥에 손때가 묻지 않게 해야 한다. 혼자 많이 먹으려고 밥을 뭉쳐서도 안 되고, 주걱이나 숟가락으로 밥을 많이 떠서도 안 되며, 물 마시듯이 입으로 들이부어서도 안 된다.

음식을 앞에 두고 혀를 차듯이 행동하지 말라. 음식 대접하는 사람을 탓하는 것처럼 들려 오해받기 쉽다.

소리가 날 정도로 우두둑 우두둑하며 뼈가 있는 단단한 음식은 깨물어 씹어 먹지 말라. 듣기에 좋지 않다.

먹다 남은 생선이나 고기를 그릇에 다시 갖다 놓지 말라. 자기 입에 닿았던 음식은 다른 사람의 입을 더럽힐 수 있다.

개에게 뼈를 던져주지 말라. 음식을 대접하는 개 주인을 천박하

---

124) 『소학』에서는 '음식과 식사 예절' 앞부분에 '의복' 생활과 예의에 관한 내용이 있다. 그러나 과거 전통적인 의복 생활과 예의가 현대식 의복 생활 및 예의와 너무 다르고 현실성이 없어 여기서는 생략한다.

125) 共食不飽. 共飯不澤手. 毋摶飯, 毋放飯, 毋流歠. 毋吒食. 毋齧骨. 毋反魚肉. 毋投與狗骨. 毋固獲. 毋揚飯. 飯黍毋以箸. 毋 羹. 毋絮羹. 毋刺齒. 毋歠醢. 客絮羹, 主人辭不能烹. 客歠醢, 主人辭以 . 濡肉齒決, 乾肉不齒決. 毋嘬炙.

게 생각하는 듯한 행동으로 오해 받기 쉽다.

여러 음식 가운데 자기가 먹고 싶은 것만을 억지로 먹으려 하지 말라.

금방 해 놓은 뜨거운 밥을 빨리 먹으려고 마구 휘젓지 말라. 급하게 먹으려는 혐의를 받을 수 있다.

찰지지 않은 끈기 없는 밥을 먹을 때는 젓가락을 쓰지 말라. 더 부서지고 헤지므로 숟가락으로 먹어라.

국을 먹을 때는 국물만 들여 마시지 말라. 국에 들어 있는 나물이나 고기 건더기를 젓가락으로 함께 건져 먹어야 한다.

국을 먹을 때 다시 간을 맞추지 마라. 음식을 조리한 사람이 국을 잘못 끓였다는 것을 드러내는 꼴이 된다.

음식을 먹는 도중에 이를 쑤시지 말라. 함께 음식을 먹는 사람들에게 실례가 된다.

젓갈이 들어간 짠 음식을 들이마시지 말라. 짜야 하는 데 들이마시니 싱겁다는 뜻으로 보여 음식을 조리한 사람이 간을 제대로 못 맞춘 꼴이 된다.

손님이 자기 입맛에 맞게 별도로 국에 간을 맞추지 말라. 음식을 대접하는 사람이 국을 맛있게 끓이지 못했다고 사과하게 된다.

생선과 같이 젖은 고기는 이로 물어뜯어 끊어서 먹는다. 그러나 얇게 저미어서 말린 고기는 이로 고기를 물어뜯어 끊어서 먹지 않고 손으로 끊거나 찢어서 먹는다.

맛있게 구운 불고기는 한입에 털어 넣어 먹지 않아야 한다. 구운 고기를 한꺼번에 입에 넣어 버리는 것은 고기 먹기를 탐내는 일로 식사 예의에 어긋난다.


## 2

『예기』「소의」에 이렇게 기록되어 있다.[126]

훌륭한 인격을 갖춘 사람을 모시고 음식을 먹을 때는, 음식에 이상이 있는지 없는지를 보기 위해 그보다 먼저 먹어라. 훌륭한 사람이 많이 먹기를 권하고, 그보다 나중에 식사를 끝낸다.

밥을 먹을 때는 크게 뜨거나 물 마시듯 한꺼번에 먹지 말라. 조금씩 떠서 먹고 빨리 삼켜야 목이 막힐 걱정이 없다.

입안에서 자주 씹어, 입을 크게 놀리는 모양을 내지 말라. 밥 먹을 때 입을 크게 움직이는 것은 같이 먹는 사람에게 실례가 된다.


## 3

『논어』「향당」에 이런 말이 있다.[127]

밥은 곱게 찧은 쌀로 지은 것을 싫어하지 않고, 회는 가늘게 썬 것을 싫어하지 않는다.

---

126)  侍食於君子, 則先飯而後已. 毋放飯, 毋流歠, 小飯而亟之, 數噍, 毋爲口容.

127)  食不厭精, 膾不厭細. 食饐而餲, 魚餒而肉敗, 不食. 色惡不食. 臭惡不食. 失飪不食. 不時不食. 割不正, 不食. 不得其醬, 不食. 肉雖多, 不使勝食氣. 唯酒無量, 不及亂. 沽酒市脯, 不食. 不撤薑食, 不多食.

밥이 쉬어 맛이 변한 것과 상한 생선이나 고기로 요리한 것은 먹지 않는다.

상하지는 않았더라도 원래의 빛깔과 냄새가 변한 음식은 먹지 않는다.

삶지 않거나 익히지 않은 음식, 제철이 아닌 음식도 먹지 않는다.

바르게 썰지 않은 고기는 먹지 않고, 재료에 맞게 간을 제대로 맞추지 않아 조리를 잘못한 음식도 먹지 않는다.

고기반찬이 많이 있어도 주식인 밥보다 많이 먹지 않고, 술을 마실 때는 정한 양은 없으나 술주정하거나 몸가짐을 흐트러뜨리는 일 없이 알맞게 마신다.

시장에서 아무렇게나 파는 술과 육포는 사 먹지 않고, 악취를 제거하고 비타민과 같은 역할을 하는 생강은 물리지 않고 먹었으나 많이 먹지는 않는다.

**4**

『맹자』「고자」상에 이런 말이 있다.[128]

먹는 것만 밝히는 인간은 사람들이 천하게 여긴다!

왜냐? 제 몸 하나 챙기려는 작은 욕심에만 빠져, 마음이나 정신과 같이 사람에게 중요한 큰 것을 잃기 때문이다. 물질적 욕망을 경계하라!

---

128) 飮食之人, 則人賤之矣. 爲其養小以失大也.

# 제 5 장  옛이야기에서  배우는  교훈들

 

 

제5장은 『소학』 「내편」에서 '계고(稽古)'의 내용을 정돈한 것이다. '계고'는 앞의 2,3,4장에서 다룬 '입교', '명륜', '경신'에서 말한 핵심을, 중국 고대에 활약했던 성현들의 언행을 통해 사실적으로 증명하는 특징이 있다.

이론에 관한 실천을 보여주는 대목으로, 일종의 실증적 사례를 제시한 것이다. 올바른 인성을 갖춘 착한 사람들은 어떤 삶의 자세를 바탕으로 개인적·사회적 활동을 구현하는지 확인할 수 있다.

# 1

『열녀전』에 다음과 같이 기록되어 있다.[129]

태임은 문왕의 어머니인데, 그 성품이 단정하고 한결같으며 성실하고 장엄하여 훌륭한 인성을 갖추었다.

문왕을 잉태하여 임신하고 있을 때, 눈으로는 나쁜 색깔을 보지 않았고, 귀로는 음란한 소리를 듣지 않았으며, 입으로는 오만한 말을 내지 않았다.

그렇게 하여 문왕을 낳았는데, 태어나면서부터 총명하고 성스러워, 태임이 하나를 가르치면 백을 알았다. 문왕이 장성하여 마침내 주나라의 시조가 되었다.

이런 점에서 문왕의 어머니인 태임은 훌륭한 인성을 지니고서, 그에 맞는 태교를 하였다.

# 2

『열녀전』에 다음과 같이 기록되어 있다. [130]

맹자가 어릴 때의 이야기이다. 훌륭한 학자로서 맹자는 이름이 '가(軻)'이기에 어릴 때는 맹가라고 불렀다. 맹가는 어머니와 함께 공

---

129) 太任, 文王之母. 太任之性, 端一誠莊, 惟德之行. 及其娠文王, 目不視惡色, 耳不聽淫聲, 口不出傲言. 生文王而明聖, 太任, 教之以一而識百. 卒爲周宗. 君子謂太任, 爲能胎教.

130) 孟軻之母, 其舍近墓. 孟子之少也, 嬉戲, 爲墓間之事, 踊躍築埋. 孟母曰, 此, 非所以居子也. 乃去舍市, 其嬉戲, 爲賈衒. 孟母曰, 此, 非所以居子也. 乃徙舍學宮之旁, 其嬉戲, 乃設俎豆, 揖讓進退. 孟母曰, 此, 眞可以居子矣. 遂居之. 孟子幼時, 問東家殺猪, 何爲. 母曰, 欲啖汝. 旣而悔曰, 吾聞古有胎教. 今適有知而欺之, 是敎之不信. 乃買猪肉, 以食之. 旣長就學, 遂成大儒.

동묘지 근처에서 집을 짓고 살았다. 그러다 보니 맹가는 무덤 사이를 이리저리 뛰어다니며, 무덤 모양의 봉분을 만들고, 시체를 매장하는 일을 흉내 내며 놀았다.

이에 맹가의 어머니는 한탄하며 이렇게 말하였다.

"이곳은 자식이 건전한 인성을 형성할 수 있게 할 만한 장소가 아니다!"

그렇게 공동묘지 주변을 떠나 시장 근처로 이사를 가서 거기서 살았다. 그러자 맹가는 시장에 가서, '골라! 골라! 좋은 물건이 왔어요!'라고 하며, 장사꾼들이 물건 파는 시늉을 하며 놀았다. 이에 맹가의 어머니는 다시 한탄하면 이렇게 말하였다.

"이곳도 자식이 건전한 인성을 형성할 수 있게 할 만한 장소가 아니다!"

그리고 마침내 시장 주변을 떠나 학교 근처로 이사를 하였다. 그러자 맹가는 학교를 기웃거리며 학교에서 공부하는 내용을 보고, 제기를 늘어놓고 예의를 갖추어 제사 지내는 모습을 흉내 내며 놀았다.

맹가의 어머니는 한숨을 놓으며 이렇게 말하였다.

"이곳이야말로 진정으로 자식이 건전한 인성을 형성할 수 있을 만한 장소이다!" 그리고 학교 근처에 집을 마련하여 거기에서 계속 살았다.

이것이 그 유명한, 맹자의 어머니가 맹자의 교육을 위해 세 번이나 장소를 이동하며 교육을 시켰다는 '맹모삼천지교(孟母三遷之敎)'의 고사 내용이다.

이 뿐만이 아니다. 맹자의 어머니는 다양한 방식으로 깨우침을 주었다.

맹가는 어렸을 때 가난하여 제대로 먹지 못하면서 자랐다. 그러던 어느 날 이웃집에서 돼지를 잡는다는 소식이 들렸다. 이에 맹가는 어머니에게 다음과 같은 질문을 했다.

"어머니, 저기 동쪽에 있는 집에서 돼지를 잡는데, 무엇을 하려는 것입니까?"

그러자 맹가의 어머니가, 고기를 먹고 싶어 하는 자식에게 말로라도 위안을 주기 위해, 거짓말로 이렇게 말해주었다.

"아, 그거? 우리 아들에게 먹이려고 잡는 거지! 허허허!"

하지만, 이 말을 하고 난 맹가의 어머니는 바로 후회하였다.

"내가 듣기에, 옛날에는 임신하였을 때 문왕의 어머니처럼 훌륭한 인성을 지닌 분들이 태교에 임하였다고 한다. 뱃속에서부터 건전한 인성을 길러주기 위해 저렇게 교육하는데, 내가 뭘 하고 있는 거지! 이미 이렇게 자라서 제 생각을 어느 정도 가지고 있는 아이가 뻔히 알 텐데, 내가 이렇게 거짓말을 하여 속여서는 안 된다! 이는 불신을 조장하고 거짓말을 가르치는 짓이다!"

그리고 마침내 시장에서 돼지고기를 사다 삶아서 맹가에게 먹였다.

그 후 맹가는 이곳저곳에서 널리 배웠고, 세상에서 알아주는 유명한 학자가 되었다.


### 3

『논어』「계씨」와 「양화」에 이런 말이 있다.[131]

어느 날 공자가 혼자 집안의 뜰에 서 있었는데, 아들 리가 종종 걸음으로 그 뜰을 지나갔다. 그러자 공자가 아들을 불러 세우고는 이렇게 물었다.

"아들아! 너는 시를 배웠느냐?"

그러자 리가 대답하였다.

"아직 제대로 못 배웠습니다."

그러자 공자는 조용하게 말해주었다.

"아들아! 시를 배우지 않으면 다른 사람과 더불어 말을 할 수 없다. 사회생활을 하려면 다른 사람과 세상의 이치에 관한 대화를 할 수 있어야 하지 않겠느냐?"

이런 아버지의 충고에 리는 분발하여 시를 배웠다.

그런 다음 어느 날, 공자가 또 혼자 집안의 뜰에 서 있었는데, 아

---

131) 孔子嘗獨立, 鯉趨而過庭. 曰學詩乎. 對曰未也. 不學詩, 無以言. 鯉退而學詩. 他日, 又獨立, 鯉趨而過庭. 曰學禮乎. 對曰未也. 不學禮, 無以立. 鯉退而學禮. 孔子謂伯魚曰, 汝爲周南召南矣乎. 人而不爲周南召南, 其猶正牆面而立也與.

들 리가 종종걸음으로 그 뜰을 지나갔다. 그러자 공자가 아들을 불러 세우고는 이렇게 물었다.

"아들아! 너는 예를 배웠느냐?"

그러자 리가 대답하였다.

"아직 제대로 못 배웠습니다."

그러자 공자는 조용하게 말해주었다.

"아들아! 예를 배우지 않으면 자신이 어떻게 살아야 할지, 자기의 몸을 제대로 세울 수 없다. 자기 몸을 제대로 세워야 인간의 품격을 유지할 것 아니냐!"

이런 아버지의 충고에 리는 분발하여 예를 배웠다.

그러던 어느 날 공자는 아들 리에게 다음과 같이 말해주었다.

"아들아! 너는 『시경』 가운데 「주남」과 「소남」을 배웠느냐? 사람은 반드시 「주남」과 「소남」을 배워야 한다. 그것을 제대로 배우지 않으면, 사람이 트인 세상을 보고 나아가야 하는데, 담장이나 벽을 보고 서 있는 것과 같아진다. 왜냐하면 「주남」·「소남」에 담긴 의미를 깨닫고, 사람으로서 어떻게 살아야 하는지 알아서 느끼며, 사람들과 함께 어울려 즐거운 삶을 살아야 하기 때문이다."

## 4

『서경』「요전」에 이런 기록이 있다. 132)

---

132) 虞舜, 父頑母嚚, 象傲, 克諧以孝, 烝烝乂, 不格姦. 萬章, 問曰, 舜往于田, 號泣于旻天. 何爲其號泣

순임금의 인생은 참으로 고달팠다. 아버지는 완악하고 어머니는 간사하며 이복동생인 상은 오만하기 끝이 없었다. 그러나 어떤 어려움도 참아내어 효도하며, 집안을 화목하고 화합하여, 점차로 착하게 만들었고, 간악한 지경에 이르지 않게 하였다.

『맹자』「만장」상에 이런 말이 있다.

맹자의 제자 만장이 물었다.

"순임금이 밭에 나가서 자신의 신세를 한탄하며 하늘에 대고 부르짖으며 울었다고 전해 옵니다. 어째서 그처럼 부르짖으며 울었던 것입니까?"

맹자가 다음과 같이 대답해 주었다.

"순임금은 자신의 처지를 원망하면서도 동시에 부모님을 그리워해서 그런 행동을 했다. 즉 순임금의 생각은, '나는 힘을 다하여 밭을 갈고 공손하게 자식으로서 직분을 실천할 따름이다. 부모님이 나를 사랑하지 않는 것이 내게 무슨 잘못이 있어서겠는가?'라는 것이었다.

요임금은 순임금이 어떤 사람인지 정확하게 알아보고, 정치지도

---

也. 孟子曰, 怨慕也. 我竭力耕田, 恭爲子職而已矣. 父母之不我愛, 於我, 何哉. 帝使其九男二女, 百官牛羊倉廩備, 以事舜於畎之中. 天下之士, 多就之者, 帝將胥天下而遷之焉. 爲不順於父母, 如窮人無所歸. 天下之士悅之, 人之所欲也, 而不足以解憂. 好色, 人之所欲, 妻帝之二女, 而不足以解憂, 富, 人之所欲, 富有天下, 而不足以解憂. 貴, 人之所欲, 貴爲天子, 而不足以解憂. 人悅之, 好色, 富貴, 無足以解憂者, 惟順於父母, 可以解憂. 人少則慕父母, 知好色則慕少艾, 有妻子則慕妻子, 仕則慕君, 不得於君則熱中. 大孝, 終身慕父母. 五十而慕者, 予於大舜, 見之矣. 楊子曰, 事父母, 自知不足者, 其舜乎. 不可得而久者, 事親之謂也. 孝子, 愛日.

자로서 자질이 어떤지 더욱 시험해 보기 위해, 자기의 자식 9남 2녀에게 여러 관직과 더불어 소와 양, 창고를 주어, 밭두둑 가운데에서 순임금을 보좌하게 시켰다. 그렇게 하자, 세상의 현명한 인재들이 많이 찾아왔다. 이에 요임금은 이런 세상의 인심을 보고 순임금에게 최고지도자 자리를 물려주려고 하였다. 그러나 이때도 순임금은 부모에게 제대로 대접받지 못했다. 때문에 곤궁한 사람이 돌아갈 곳도 없는 것처럼 여겼다.

세상의 지도급 인사가 좋아하는 것은 대부분의 사람이 바라는데, 순임금은 자신의 근심조차 풀 수 없었다. 세상에 아름다운 사람은 대부분의 사람이 만나고 싶어 하는데, 순임금은 요임금의 두 딸을 아내로 맞이하고도 자신의 근심을 풀 수 없었다. 부유하게 사는 것은 대부분의 사람이 바라는데, 순임금은 온 세상을 모두 소유하는 부유함을 차지하였으나 자신의 근심을 풀 수 없었다. 귀한 사람 대접을 받는 것은 대부분의 사람이 바라는데, 순임금은 세상에서 가장 귀한 사람이 되었으나 자신의 근심을 풀 수 없었다. 세상 대부분의 사람이 좋아하는 것과 아름다운 사람을 만나는 것, 부유함과 귀한 사람 대접을 받으면서도 자신의 근심을 풀 수 없었는데, 그것은 부모에게 제대로 대접받고 인정받아야 풀 수 있는 일이었다.

사람이 어릴 때는 부모를 그리워하고, 이성을 좋아할 줄 알게 되면 젊고 아름다운 이성을 그리워하며, 처자식이 생기면 처자식을 그리워하게 되고, 공직자가 되면 자기가 모시고 있던 지도자를 그리워하며, 자기가 모시고 있는 최고지도자에게 자기의 뜻이 제대로 전달되지 않고 신뢰를 얻지 못하면 속이 타게 된다. 그러나 진정한 효도는 죽을 때까지 부모를 그리워하는 일이다. 나이 50세가 되도록 늙을 때까지 부모를 그리워하는 사람이 어디에 또 있을까? 나는 저 위대한 순임금을 통해 목격하였다."

한나라 때의 유명한 학자인 양웅이 지은 『법언』「지효」에 이런 말이 있다.

"부모를 모시되 스스로 부족함을 알았던 사람은 저 순임금일 것이다. 사람이 오랫동안 지속할 수 없는 일 가운데 정말 어려운 것은 부모를 제대로 모시는 일이다. 효성이 지극한 사람은 지나가는 날이 빠른 것을 아쉽게 여기고, 올 날이 많지 않은 것을 한탄하며, 그래도 부모를 모실 수 있는 하루하루를 사랑한다!"

## 5

『예기』「문왕세자」에 이렇게 기록되어 있다.[133]

문왕이 차기 지도자인 세자로 있을 때, 부모에게 하루 세 번에 걸쳐 문안 인사를 하였다. 새벽에 닭이 울면 옷을 단정하게 입고 침

---

133) 文王之爲世子, 朝於王季, 日三. 鷄初鳴而衣服. 至於寢門外, 問內竪之御者曰, 今日安否何如. 內竪曰, 安. 文王, 乃喜. 及日中又至, 亦如之. 及暮又至, 亦如之. 其有不安節, 則內竪以告文王, 文王, 色憂, 行不能正履. 王季復膳然後, 亦復初. 食上, 必在視寒暖之節, 食下, 問所膳, 命膳宰曰, 末有原, 應日, 諾然後, 退. 文王, 有疾, 武王, 不脫冠帶而養. 文王一飯, 亦一飯, 文王再飯, 亦再飯.

소(寢所) 밖에 도착하여, 부모를 모시고 있던 사람에게 "오늘 부모님의 건강이 어떠하신가?"라고 묻는다. 이때 그 사람이 "편안하십니다"라고 대답하면 문왕이 이에 기뻐하였다고 한다. 한낮이 되면 또 부모가 있는 곳으로 와서 또 그렇게 하였고, 저녁이 되면 또 와서 그렇게 하였다.

간혹, 부모의 건강이 좋지 않아 편치 않은 때, 모시던 사람이 문왕에게 그 사실을 알리면, 문왕은 낯빛에 근심이 서려, 걸음을 똑바로 걷지 못하였다. 그 상황에서는 부모가 음식을 제대로 먹을 수 있을 때까지 걱정하였다.

음식을 올릴 때는 반드시 음식이 따뜻한지 식었는지 그 적절한 상황을 확인하였고, 음식상을 물릴 때는 남은 음식을 누구에게 물려줄 것인지 물었다. 아울러 요리사에게 "절대로 남은 음식을 다시 올리지 말라!"라고 당부하였고, 요리사가 알아들은 후에 물러갔다.

문왕이 병이 있으면, 그 아들 무왕은 절대로 지도자로서의 정장을 벗지 않고 부모를 봉양하였다. 문왕이 한 번 음식을 먹으면 무왕도 한 번 음식을 먹었고, 문왕이 두 번 음식을 먹으면 무왕도 두 번을 음식을 먹었다.

## 6

『중용』에 이런 말이 있다.[134]

---
134) 武王周公, 其達孝矣乎. 夫孝者, 善繼人之志, 善述人之事者也. 踐其位, 行其禮, 奏其樂, 敬其所尊,

무왕과 그 동생 주공이 그 부모에게 효도한 일은 세상의 모든 사람이 칭찬한다.

효도는 부모의 뜻을 잇고 제대로 따라 행하는 일이다.

부모의 자리를 이어받아 그 예의를 행하고, 부모가 평소 즐겨하던 음악을 연주하며, 부모가 높이던 것을 공경하고, 부모가 직접 하던 일을 사랑하며, 죽은 사람 모시기를 살아 있는 사람 모시듯이 하고, 없어진 사람 섬기기를 생존해 있는 사람 섬기듯이 하는 것이 최고의 효도이다.

## 7

『회남자』「범론」에 이런 말이 있다.[135]

주공이 최고지도자를 섬길 때, 독단적으로 행실을 결정하지 않았고, 일을 할 때는 제멋대로 하는 일이 없었다.

몸가짐은 단정하게 하였고, 말조심을 철저하게 하였다.

아버지 문왕에게 어떤 물건을 받들어 올릴 때는 예의를 다하였는데, 그것을 감당하지 못할 듯이 하였고, '예의를 잃지는 않을까?' 두려워하듯이 하였다.

이는 자식의 도리를 잘했다고 할만하다.

---

愛其所親, 事死如事生, 事亡如事存, 孝之至也.

135)  周公之事文王也, 行無專制, 事無由己. 身若不勝衣, 言若不出口. 有奉持於文王, 洞洞屬屬, 如將不勝, 如恐失之, 可謂能子矣.

**8**

『맹자』「이루」상에 이런 말이 있다.[136]

증자가 아버지 증석을 모시고 봉양할 때는 반드시 술과 고기를 마련하여 올렸다. 그리고 식사를 마치고 밥상을 물리려 할 때 반드시 누구에게 줄 것인지 물었다. 이때 아버지 증석이 남은 것이 있느냐고 물으면 반드시 '있습니다!'라고 하였다.

증석이 죽자, 증원이 아버지 증자를 모시고 봉양하였다. 이때에도 증원은 아버지 증자가 할아버지 증석에게 그랬듯이 반드시 술과 고기를 마련하여 올렸다. 그런데 식사를 마치고 밥상을 물리려 할 때 반드시 누구에게 줄 것인지 아버지에게 묻지 않았다. 아버지 증자가 남은 것이 있느냐고 물으면 '없습니다!'라고 하였다. 이는 남은 음식을 나중에 다시 올리기 위해 그랬다. 이것은 이른바 '입으로만 먹고 마시며 몸으로만 봉양한다는 것'이다.

증자가 아버지 증석을 모시는 것처럼 해야 자식이 부모의 뜻을 봉양한다고 이를 만하다. 따라서 부모를 모실 때는 증자의 사례를 참고하는 것이 옳다.

**9**

『고사전』에 이런 기록이 있다. [137]

---

136)  曾子養曾晳, 必有酒肉. 將徹, 必請所與. 問有餘, 必曰有. 曾晳, 死, 曾元, 養曾子 必有酒肉. 將徹, 不請所與. 問有餘, 曰無矣. 將以復進也. 此, 所謂養口體者也, 若曾子則可謂養志也. 事親, 若曾子者可也.

137)  老萊子, 孝奉二親, 行年七十, 作嬰兒戲. 身著五色斑斕之衣. 嘗取水上堂, 詐跌仆臥地, 爲小兒啼.

노래자라는 사람은 부모를 효성스럽게 봉양하였다. 그는 나이가 70세임에도 불구하고, 부모 앞에서는 아이처럼 장난을 쳤다.

어떤 때는 알록달록한 색동옷을 입고 재롱을 떨기도 하였다. 때로는 물을 떠가지고 마루 위로 오르다 일부러 넘어지는 척하며, 땅에 엎어져 어린아이가 '에엥 에엥!'하고 우는 것처럼 울면서 부모를 기쁘게 해 드렸다. 또한 부모 곁에서 병아리를 가지고 놀며, 부모를 기쁘게 해드리려고 하였다.

## 10

『예기』「제의」에 이렇게 기록되어 있다.[138]

악정자춘이라는 사람이 마루에서 내려오다가 넘어져서 발목을 크게 다쳤다. 이에 몇 개월 동안 밖으로 나가지 못하고 낯빛에는 근심하는 기색이 있었다.

하루는 그 문하에서 배우고 있던 제자가 물었다.

"선생님의 발목이 나았는데도 몇 개월 동안 밖에 나가지 않고, 아직도 낯빛에는 근심하는 기색이 있는데, 어째서 그렇습니까?"

그러자 악정자춘이 말하였다.

---

弄雛於親側, 欲親之喜.

138) 樂正子春, 下堂而傷其足, 數月不出, 猶有憂色. 門弟子曰, 夫子之足, 瘳矣. 數月不出, 猶有憂色, 何也. 樂正子春曰, 善如, 爾之問也. 吾聞諸曾子, 曾子聞諸夫子. 曰天之所生, 地之所養, 惟人爲大. 父母全而生之, 子全而歸之, 可謂孝矣. 不虧其體, 不辱其身, 可謂全矣. 故君子, 頃步而不敢忘孝也. 今予忘孝之道. 予是以有憂色也. 一舉足而不敢忘父母. 是故道而不徑, 舟而不游, 不敢以先父母之遺體, 行殆. 一出言而不敢忘父母. 是故惡言, 不出於口, 忿言, 不反於身, 不辱其身, 不羞其親, 可謂孝矣.

"그래, 잘 물었다! 나는 증자에게 들었고, 증자는 공자에게 들었다고 했다.

'하늘이 낳은 것과 땅이 기르는 것, 즉 이 세상에서 사람이 가장 위대하다! 부모가 온전하게 나를 낳아 주셨기에, 나도 온전하게 부모를 모셔야 한다. 그래야 효도라고 할 수 있다. 자기의 몸을 훼손하지 않고, 자기의 몸을 욕되게 하지 않으면 온전하게 모셨다고 할만하다!'

훌륭한 인격을 지닌 사람은 한 걸음을 떼는 순간에도 효도할 것을 잊어서는 안 된다. 그런데 지금 나는 효도를 해야 하는데, 그 도리를 잊었다. 이 때문에 내가 근심하는 기색이 있는 것이다. 발걸음을 떼는 데도 함부로 부모의 은혜를 잊지 않는다고 했다. 그러므로 내가 다닐 때는 큰길로 가고 샛길로 가지 않으며, 강을 건널 때는 배로 건너고 헤엄쳐서 건너 몸을 상하게 해서는 안 된다.

부모 돌아가신 다음에도 물려준 몸을 함부로 위태로운 지경에 빠트려서는 안 되고, 어떤 말을 할 때 함부로 부모를 잊어서도 안 된다. 그렇게 해야 나쁜 말이 입에서 나오지 않고, 다른 사람이 화를 내며 말한다고 해도 그 화살이 나에게로 돌아오지 않는다. 자기의 몸을 욕되게 하지 않고, 부모에게 부끄러움을 끼치지 않으면, 효도하는 자식이라고 할 만하다."

## 11

『설원』「건본」에 이런 기록이 있다.[139]

백유라는 사람이 잘못을 저지르자, 그 어머니가 회초리를 들고 종아리를 때렸다. 그러자 어릴 때부터 수없이 매를 맞아도 좀처럼 울지 않던 백유가 그날따라 울며 훌쩍였다.

그의 어머니가 말하였다.

"예전에 회초리를 칠 때는 네가 좀처럼 울지 않았는데, 오늘은 어째서 훌쩍이며 우는 게야?"

백유가 대답하였다.

"어릴 때부터 제가 잘못을 하면 어머니는 제게 매질하였습니다. 그때마다 정말 많이 아팠습니다. 그런데 지금은 어머니가 세게 회초리로 때려도 제가 아프다고 느끼지 못합니다. 어머니도 이제 많이 늙으셨나 봅니다. 어머니가 늙어 힘이 빠진 것이 서러워 우는 것입니다."

그러므로 나 유향은 이렇게 말한다.

"부모가 노여워할 만한 일을 저질렀을 때, 자식은 자기의 뜻에 드러내지 않아야 한다. 낯빛에 나타내지 않아야 한다. 깊이 그 죄를 물어 부모에게 가엾게 여기도록 하는 것은 자식 가운데 최고라고 할 만하다.

---

139) 伯兪有過, 其母笞之, 泣. 其母曰, 他日笞子, 未嘗泣, 今泣, 何也. 對曰, 兪得罪, 笞常痛. 今母之力, 不能使痛, 是以泣. 故曰, 父母怒之, 不作於意. 不見於色, 深受其罪, 使可哀憐, 上也. 父母怒之, 不作於意. 不見於色, 其次也. 父母怒之, 作於意. 見於色, 下也.

부모가 노여워할 만한 일을 저질렀을 때, 자식은 자기의 뜻에 드러내지 않아야 한다. 그리고 낯빛에 나타내지 않은 것은 자식 가운데 다음 수준이다.

부모가 노여워할 만한 일을 저질렀을 때, 자식이 자기의 뜻에 드러내고, 낯빛에도 나타내는 것은 자식 가운데 가장 못난 녀석이다."

## 12

『사기』「송미자세가」에 이런 기록이 있다.[140]

기자는 은나라의 마지막 지도자인 주왕의 아버지뻘 되는 친척이다. 주왕이 허례허식에 빠져 세상에서 처음으로 값비싸고 화려한 상아로 된 젓가락을 만들자, 기자가 한탄하며 말하였다.

"아이쿠! 주왕이 상아로 젓가락을 만들었으니, 다음에는 반드시 귀한 보석인 옥으로 술잔을 만들 것이다. 옥 술잔을 만들게 되면, 반드시 먼 지방에서 생산되는 진기한 물건들을 가져다 사용할 것을 끊임없이 생각할 텐데, 수레와 말, 궁실을 사치스럽게 꾸미는 버릇이 저 주왕으로부터 시작되어 마침내 구제할 수 없는 지경에 이르리

---

140) 箕子者, 紂親戚也. 紂始爲象箸. 箕子嘆曰, 彼爲象箸, 必爲玉杯. 爲玉杯, 則必思遠方珍怪之物而御之矣. 輿馬宮室之漸, 自此始, 不可振也. 紂爲淫, 箕子諫. 紂不聽而囚之. 人或曰, 可以去矣. 箕子曰, 爲人臣, 諫不聽而去, 是彰君之惡, 而自悅於民, 吾不忍爲也. 乃被髮佯狂而爲奴, 遂隱而鼓琴, 以自悲. 故傳之曰, 箕子操. 王子比干者, 亦紂之親戚也. 見箕子諫不聽而爲奴, 則曰, 君有過而不以死爭, 則百姓, 何辜. 乃直言諫紂, 紂怒曰, 吾聞聖人之心, 有七竅. 信有諸乎. 乃遂殺王子比干, 刳視其心. 微子曰, 父子, 有骨肉, 而臣主, 以義屬. 故父有過, 子三諫而不聽, 則隨而號之. 人臣, 三諫而不聽, 則其義可以去矣. 於是, 遂行.

라!"

이렇게 주왕이 탐욕스럽고 방탕한 짓을 하자, 기자가 간절히 충고하였으나, 주왕은 그의 충고를 받아들이지 않고, 오히려 그를 감옥에 가두었다.

그러자 어떤 사람이 기자에게 이렇게 말하였다.

"이제 구제 불능인 주왕의 곁을 떠날 때가 된 것 같습니다."

이에 대해 기자가 말하였다.

"무슨 소리를 그렇게 하는가! 한 지도자 밑에서 일하다가 충고한 것을 받아주지 않는다고 하여 떠나간다면, 이는 지도자의 나쁜 행동을 드러내고 스스로 구성원들에게 잘난 사람이라고 칭찬받으려고 하는 일이나 마찬가지일세. 그러니 나는 그런 일을 할 수 없다네. 떠날 수 없네!"

그리고 기자는 머리를 풀어 헤치고, 거짓으로 미친 체하면서 노예처럼 숨어 살며, 거문고를 연주하면서 스스로 나라가 망하는 것에 대해 슬퍼하였다. 이때 연주한 곡조가 '기자조'라는 이름으로 전해 온다.

왕자 비간도 또한 주왕의 아버지뻘 되는 친척이었다. 기자가 간절히 충고하였으나 듣지 않고 노예로 삼는 것을 보고, 이렇게 말하였다.

"지도자가 잘못이 있는데, 죽음을 각오하고 간절하게 충고하지 않으면, 그 밑에서 불쌍하게 살아가는 선량한 사람들은 무슨 죄인가?"

그리고 주왕에게 덤벼들 듯이 직설적으로 충고하였다.

이에 주왕이 화가 잔뜩 나서 말하였다.

"내가 듣건대, 훌륭한 사람의 심장에는 일곱 개의 구멍이 있다고 하는데, 정말로 구멍이 일곱 개가 있는가? 한번 봅시다! 흠!!"

그리고 마침내 왕자 비간을 죽여, 배를 가르고 그 심장을 보는 잔혹한 짓을 저질렀다.

이런 극악무도한 일이 벌어지자, 주왕의 형뻘 되는 친척이던 미자가 말하였다.

"부모 자식 사이는 피붙이로서의 친함이 있고, 지도자와 그를 보좌하는 참모는 의리로 맺은 관계이다. 부모가 잘못이 있을 때는 자식이 세 번 충고해도 들어주지 않으면 할 수 없이 부모를 따르며 울부짖는다. 지도자에게 잘못이 있을 때는 보좌관인 참모가 세 번 충고했는데도 들어주지 않으면 그 의리를 버리고 떠나갈 수밖에 없다."

그리고 마침내 떠나갔다.


## 13

『사기』「백이열전」에 이런 기록이 있다.[141]

---

141) 武王, 伐紂, 伯夷叔齊叩馬而諫, 左右欲兵之. 太公曰, 此義人也. 扶而去之. 武王, 已平殷亂, 天下宗周, 而伯夷叔齊恥之, 義不食周粟. 隱於首陽山, 採薇而食之, 遂餓而死.

무왕이 포악한 은나라 지도자 주왕을 정벌하려고 하자, 은나라의 현인이던 백이와 숙제는 무왕의 말고삐를 잡고, 아무리 포악해도 은나라의 신하로서 지도자인 주왕을 정벌해서는 안 된다고 충고하였다. 무왕의 좌우에 있던 보좌관들이 이 장면을 보고 칼과 창으로 백이와 숙제를 죽이려고 하였다. 그러자 문왕의 스승이던 강태공이 "그들을 죽이지 마라. 이들은 의로운 사람이다!"라고 하고, 그들을 부축하여 가게 하였다.

무왕이 주왕 치하의 혼란스러운 은나라를 평정하니, 세상에서는 무왕이 세운 주나라를 받들었다. 그러나 은나라 사람이었던 백이와 숙제는 그것을 부끄러워하며, 의리상 '주나라의 곡식을 먹지 않겠다!'라고 하여, 수양산에 숨어 살며, 고사리를 캐서 팔아 생계를 이어가다가, 마침내 굶어 죽었다.

## 14

『사기』「자객열전」과『전국책』에 이런 기록이 있다.[142]

조양자가 지백을 죽이고 그 머리뼈에 옻칠하여 음료수 그릇을 만들었다. 이에 지백의 보좌관이었던 예양이 지백의 원수를 갚으려

---

142) 趙襄子, 殺智伯, 漆其頭, 以爲飮器. 智伯之臣豫讓, 欲爲之報仇, 乃詐爲刑人, 挾匕首, 入襄子宮中, 塗廁, 左右欲殺之. 襄子曰, 智伯, 死無後, 而此人, 欲爲報仇, 眞義士也. 吾謹避之耳. 讓, 又漆身爲癩, 吞炭爲啞, 行乞於市. 其妻, 不識也, 其友識之, 爲之泣曰, 以子之才, 臣事趙孟, 必得近幸. 子乃爲所欲爲, 雇不易邪, 何乃自苦如此. 讓曰, 委質爲臣, 而求殺之, 是二心也. 吾所以爲此者, 將以愧天下後世之爲人臣, 而懷二心者也. 後, 又伏於橋下, 欲殺襄子, 襄子殺之.

고 기회를 엿보고 있었다. 예양은 형벌 받은 사람인 것처럼 자신을 위장하고, 비수(匕首)를 품고 조양자의 집 안으로 들어가, 뒷간에서 벽 바르는 일을 하고 있었다. 그런데 예양은 그만 발각되고 말았다. 예양을 잡은 자들이 그를 죽이려 하자, 조양자가 이렇게 말하였다.

"지백은 죽었고 그 후손도 없다. 그런데 예양 이 사람이 그의 원수를 갚으려고 했다. 참으로 의리가 있는 사람이다. 내가 조심하면서, 그를 피하는 것이 도리 아니겠는가!"

조양자의 집에서 살아 나온, 예양은 또다시 몸에 옻칠하여 문둥이처럼 행세하고, 숯을 삼켜 벙어리처럼 행세하며, 시장을 다니며 구걸하였다. 그런 그의 행색을 그의 아내조차 알아보지 못했다. 그러나 그의 친구가 알아보고서, 예양을 위해 울면서 이렇게 말하였다.

"자네는 재주가 탁월하지 않은가! 차라리 조양자의 보좌관이 되어 그를 섬기면, 반드시 가까이하고 총애를 받을 수 있을 텐데, 그때 자네가 행하려고 하는 일, 즉 조양자를 죽여 원수를 갚는 것이 도리어 쉽지 않겠는가? 어찌하여 이렇게 고생을 사서 하는가?"

그러자 예양은 다음과 같이 말하였다.

"내가 몸을 바쳐 조양자의 보좌관이 될 수도 있다. 그런데 그렇게 하여 그를 죽이려고 한다면, 이는 두 마음을 품은 것이다. 내가 이와 같이 살아가는 데는 이유가 있다. 후세에도 어떤 지도자를 모시며 보좌관 노릇을 하는 사람이 있을 텐데, 그들 가운데 두 마음을 품는 자에게 부끄러움을 주기 위해서이다."

그리고 시간이 한참 지난 뒤, 어느 다리 밑에 잠복하여 조양자를 죽이려고 하자, 조양자가 그것을 미리 알고 예양을 죽였다.

### 15

『맹자』「만장」상에 이런 말이 있다.[143]

맹자의 제자 만장이 물었다.

"순임금의 이복동생인 상은 날마다 어떻게 하면 '순임금을 죽일까?'하고 궁리해 왔습니다. 그런데 순임금은 나중에 최고지도자가 되고 난 다음에도 그렇게 나쁜 동생인 상을 벌하지 않았습니다. 대신, 한 지역에 방치했었습니다. 어째서 그렇게 했습니까?"

맹자가 말하였다.

"아니라네! 그를 일정한 지역에 봉토를 주어 살게 한 것이네. 그 일을 어떤 사람이 방치했다고 말하는 것이네. 순임금처럼 포용력이 있는 착한 인성을 갖춘 사람은, 나쁜 짓을 한다고 해도 자기 동생에 대해 노여움을 감춰 두지 않고, 원망을 묵혀 두지 않으며, 그냥 동생으로서 친애할 뿐이라네."

---

143)  萬章問曰, 象, 日以殺舜爲事, 立爲天子則放之, 何也. 孟子曰, 封之也, 或曰放焉. 仁人之於弟也, 不藏怒焉, 不宿怨焉, 親愛之而已矣.

## 16

『사기』「백이열전」에 이런 기록이 있다.[144]

백이와 숙제는 고죽국의 차기 지도자인 왕자들이었다. 백이가 형이고 숙제는 막내 동생이다. 임금인 아버지는 막내인 숙제를 후계자로 세우려 하였다. 그런데 아버지가 죽자, 숙제는 형인 백이에게 임금 자리를 양보하였다. 그러자 백이는 '아버지의 명령이다!'라며 명령을 이행하기 위해 도망을 가버렸다. 숙제도 또한 형들을 두고 임금 노릇을 하기 싫어 도망을 갔다. 이런 상황에서 나라 사람들은 할 수 없이 가운데 아들을 지도자로 세웠다.

## 17

『논어』「옹야」에 이런 말이 있다. [145]

공자의 제자 자유가 무성이라는 지역의 지도자가 되었다.

이때 공자가 이렇게 물었다.

"자네는 자네를 보좌해줄 훌륭한 인재를 얻었는가?"

그러자 자유가 다음과 같이 대답하였다.

"예, 담대멸명이란 사람이 있습니다. 그는 다닐 때 샛길이나 지름길로 다니거나, 기타 머리를 굴리는 요령을 피우지 않습니다. 뿐만 아니라, 공적인 일이 아닌, 개인적인 일로 저의 집이나 사무실에 들

---

144) 伯夷叔齊, 孤竹君之二子也. 父欲立叔齊, 及父卒, 叔齊讓伯夷. 伯夷曰, 父命也. 遂逃去. 叔齊亦不肯立而逃之. 國人, 立其中子.

145) 子游爲武城宰, 子曰, 汝得人焉爾乎. 曰有澹臺滅明者, 行不由徑, 非公事, 未嘗至於偃之室也.

른 적이 없습니다. 그만큼 공정하고 합리적입니다."


## 18

『공자가어』「제자행」에 이런 기록이 있다.[146]

공자의 제자 가운데 고시라는 사람이 있었는데, 자고라고도 한다. 그는 공자처럼 훌륭한 인성을 갖춘 사람을 만날 때, 남의 그림자를 발로 밟지 않았다.

이제 막 겨울잠을 깨고 나온 벌레를 죽이지 않았다.

이제 막 자라나고 있는 초목도 꺾지 않았다.

위나라 지도자인 영공의 손자 첩이 지도자가 되고, 나중에 그 아버지와의 권력 투쟁으로 인해 난리가 나자, 고시는 위나라의 성문을 나가려고 하였다. 그러나 문이 닫혀 있었다.

어떤 사람이 급하게 달려오면서 소리쳤다. "여기에 빠져나가는 샛길이 있다!"

그러자 자고가 말하였다. "내가 듣기로, 훌륭한 인성을 갖춘 사람은 샛길로 빠져나가지 않는다!"

그리고 샛길로 나가기를 거절하였다.

또한, 다급한 상황에 직면하여, 어떤 사람이 말하였다. "여기에 빠져나갈 구멍이 있다!"

---

146) 高柴自見孔子, 足不履影, 啓蟄不殺, 方長不折. 衛輒之難, 出而門閉. 或曰, 此有徑. 子羔曰, 吾聞之, 君子不徑. 曰此, 有竇. 子羔曰, 吾聞之, 君子不竇. 有間, 使者至, 門啓而出.

그러자 자고가 말하였다. "내가 듣기로, 훌륭한 인성을 갖춘 사람은 그런 구멍으로 빠져나가지 않는다!"

그리고 구멍으로 빠져나가기를 거절하였다.

이렇게 인내하며 합당한 절차를 밟았고, 나중에 성문 출입을 허락받았다. 그때 밖으로 나왔다.

# 제6장 위인의 전기에서 배우는 교훈들

　　제6장은 『소학』의 「외편」에 해당하는 내용으로 교육을 통한 책무성 강화의 차원에서 축약하여 정돈한 것이다.

　　「외편」은 '가언(嘉言)'과 '선행(善行)'편으로 구성되어 있다. '가언'은 '훌륭한 말', '선행'은 '착한 행실'이란 뜻인데, 중국 한나라 이후 현인들의 훌륭한 말과 착한 행실을 기술하여 '입교', '명륜', '경신'의 의미를 넓히고 사례를 실증하였다.

　　내용의 대부분은 현인들의 전기(傳記)에서 발췌한 것으로, 아름다운 말을 통해 견문을 넓힐 수 있다. 훌륭한 인성을 함양하는 좋은 방법 가운데 하나가, 훌륭한 사람의 말을 실천하며 자신의 인성을 질적으로 승화하는 작업이다.

　　이 마지막 장은 인간의 품격을 다지는 삶의 모델과 교육에 관한 기록이다.

**1**

『장자전서』「횡거어록」에서 말하였다.[147]

어린아이를 가르칠 때는 먼저 마음을 차분하게 가라앉혀야 한다. 그리고 공손하고 진지한 자세를 갖추도록 해야 한다. 요즘 세태를 보면 배움에 대한 태도가 엉망진창이다. 공부하려는 의지도 자세도 제대로 확립되어 있지 않다. 아이들이 어릴 때부터 태도가 교만하고 게으름으로 가득 차 있다. 그런 상황에서 어른이 되면 성격이 더욱 포악해지고 사나워지는 수가 있다. 이는 어릴 때부터 그 발달 정도에 따라 제대로 가르치지 않은 것이 큰 원인이다.

아이들을 제대로 가르치지 않으면, 한 집안의 자식으로서 집안에서 자신이 맡은 일을 제대로 하지 못한다. 사회에서는 친구나 동료로서 사람들을 만날 때 자신을 낮추지 못한다. 한 직장의 팀장이 되어서도 구성원들에게 겸손하게 처신하지 못한다. 사회지도급 인사가 되어서는, 세상이 알아주는 훌륭한 인격을 갖춘 현명한 사람을 앞에 두고도, 겸손한 자세를 보이지 못한다. 한 마디로 인간으로서 기본 자세나 도리를 갖추지 못하는 것이다.

심한 경우에는 개인적 이익에 따라 올바른 도리를 모두 잃어버리는 데 이를 수도 있다. 이는 어릴 때부터 깊이 뿌리박힌 잘못된 습관이 제대로 제거되지 않은 상태에서, 아이가 거처하고 부딪히는 것

147) 教小兒, 先要安詳恭敬. 今世, 學不講, 男女從幼便驕惰壞了, 到長益凶狠, 只爲未嘗爲子弟之事. 爲子弟則不能安灑掃應對, 接朋友則不能下朋友, 有官長則不能下官長, 爲宰相則不能下天下之賢. 甚則至於徇私意, 義理都喪也. 只爲病根不去, 隨所居所接而長.

에 따라 제멋대로 자라났기 때문이다.

## 2

『양문공가훈』에서 다음과 같이 말하였다. [148]

어린아이가 배울 때는 특정한 내용을 기억하고 외우는 데 그칠 것이 아니다. 중요한 것은 그 아이가 본래부터 타고난 지성과 능력을 기르는 데 힘써야 한다. 때문에 아이에게 '제일 먼저 들려주는 말이 가장 중요하다!'라는 사실을 알아야 한다.

날마다 지난 일을 사례로 들려주되, 그것이 오래된 일이나 요즘 일어난 일이나 상관하지 말아야 한다. 즉 부모는 자식을 사랑하고 자식은 부모에게 효도하며, 친구와 동료 사이에는 서로 존중하고, 자신에게 충실하고 다른 사람과는 신뢰를 형성하는 것이 중요한 사람의 일임을, 귀에 못이 박히도록 일러주어야 한다. 그리하여 올바른 인성을 형성하고 곧게 살며 잘못을 저질렀을 때는 부끄러워할 줄 아는 마음, 이른바 '예의염치(禮義廉恥)'를 지닐 수 있도록 가르쳐야 한다.

## 3

『이정전서』「유서」에서 정호가 다음과 같이 말하였다.[149]

---

148) 童稺之學, 不止記誦. 養其良知良能, 當以先入之言, 爲主. 日記故事, 不拘今古, 必先以孝弟忠信, 禮義廉恥等事.

149) 憂子弟之輕俊者. 只教以經學念書, 不得令作文字. 子弟凡百玩好, 皆奪志. 一向好著, 亦自喪志.

자식이 '너무 촐싹대며 가볍게 행동할까' 걱정하거나 '방정하고 준수하게 성장하지 못할까' 염려하는 부모들이 많다.

그런 우려를 없애려거든, 좀 딱딱할지라도 올바른 내용이 담긴 글을 자식들이 읽도록 가르치고, 제멋대로 상상해서 글을 짓게 해서는 안 된다.

어린아이들은 자기가 좋아하는 것만을 즐기려는 습성을 지니고 있다. 자기가 좋아하는 것에만 빠져 한쪽으로만 치우치게 되면 사회성을 잃을 수도 있고, 더불어 살아가는 바탕을 마련해주는 배움의 본래 의미를 간과할 수도 있다.

## 4

『요옹집』「여동래변지록」에서 진관이 다음과 같이 말하였다.[150]

나이로 보나, 학문적으로 보나, 이제 배움을 시작한 사람은, 먼저 사람의 품격에 대해 고민해야 한다. 어떤 인품이 높은지 낮은지, 그 차원을 분별해야 한다. 그리하여 어느 것이 성현 수준의 사람이 하는 일이며, 어느 것이 어리석은 사람들이 하는 일인지를 알아야 한

---

150) 幼學之士, 先要分別人品之上下. 何者是聖賢所爲之事, 何者是下愚所爲之事. 向善背惡, 去彼取此, 此幼學所當先也. 顔子孟子, 亞聖也. 學之雖未至, 亦可爲賢人. 今學者若能知此, 則顔孟之事, 我亦可學. 言溫而氣和, 則顔子之不遷, 漸可學矣. 過而能悔, 又不憚改, 則顔子之不貳, 漸可學矣. 若夫立志不高, 則其學, 皆常人之事. 語及顔孟, 則不敢當也. 其心, 必曰, 我爲孩童. 豈敢學顔孟哉. 此人, 不可以語上矣. 先生長者, 見其卑下, 豈肯與之語哉. 先生長者, 不肯與之語, 則其所與語, 皆下等人也. 言不忠信, 下等人也. 行不篤敬, 下等人也. 過而不知悔, 下等人也. 悔而不知改, 下等人也. 聞下等之語, 爲下等之事, 譬如坐於房舍之中, 四面, 皆墻壁也. 雖欲開明, 不可得矣.

다. 즉 착한 일을 지향하고 나쁜 일을 배척하여 어리석은 사람이 하는 일을 버리고 성현이 하는 일로 나아가는 것을 무엇보다도 먼저 판단해야 한다.

옛날 공자의 제자였던 안자와 맹자는 공자 다음 가는 훌륭한 사람이다. 사람들은 알아야 한다. 그들이 어떻게 배웠는지, 그들의 배움 철학을 보라! 그들의 인생을 본받아 그들처럼 훌륭한 사람이 되기 위해 배우려 한다면, 그들처럼 훌륭한 경지에 이르지는 못하더라도, 착한 인성을 지닌 똑똑한 사람은 될 수 있다.

안자는 그랬다. 말이 점잖고 기운이 온화하면 노여움을 다른 사람에게 옮기지 않는다. 일반 사람도 그렇게 하면, 그런 삶을 조금씩 배울 수 있다. 잘못이 있으면 뉘우치고 또 고치기를 게을리하지 않았다. 그런 삶을 본보기로 하면, 안자가 잘못을 다시 저지르지 않았던 것을 조금씩 배울 수 있다.

맹자가 그랬다. 공동묘지 주변에 살면서 장사 지내는 흉내를 내고, 시장 주변에 살면서 물건 파는 놀이를 했다. 그것이 학교 주변에 살면서 제사를 지내며 놀이하는 것보다 못하다는 것을 알았다. 이 때문에 어머니가 자식을 사랑하는 마음에 세 번이나 집을 옮겨 다닌 사실을 깨달았다. 그러했기에, 맹자는 어려서부터 늙을 때까지 배우기를 싫어하지 않고, 처음부터 끝까지 뜻이 변하지 않았다. 그런 삶을 본보기로 하면 나의 부동심(不動心) 또한 맹자와 같아질 것이다.

배우는 사람이 뜻을 높이 세우지 못하면, 그 배움은 보통 사람과 다를 것이 없다. 배우는 사람의 말이 안자와 맹자가 했던 것에 미쳤을 때 제대로 감당하지 못하고, 자기 마음에 생각하기를 '나는 어리석은 사람인데 어찌 감히 안자와 맹자를 배우겠는가?'라고 포기하는 모습을 보인다면, 그런 사람에게는 높은 수준의 인품에 대해 말해줄 수가 없다.

사람을 지도하고 인도하는 선생이나 지도층 인사는, 어떤 사람의 뜻이 낮은 차원에 있는 것을 보게 되면, 그런 사람과 더불어 즐겨 말하려 하지 않는다. 더불어 말하기를 즐겨하지 않는다면, 간혹 그와 함께 말하는 것이 있다고 할지라도 그것은 모두 낮은 차원의 사람에 대한 것이다.

말이 알맹이가 없고 신뢰가 가지 않으면 낮은 차원의 사람이다. 행실이 최선을 다하거나 존경하는 태도가 없는 경우, 잘못을 저지르고도 뉘우칠 줄을 모르는 경우, 뉘우치기는 하지만 고칠 줄 모르는 경우도 낮은 차원의 어리석은 사람에 해당한다. 낮은 차원의 사람이 하는 말을 듣고, 낮은 차원의 사람이 하는 일을 행하면, 이는 사방이 담벼락과 같이 막힌 방 한가운데에 앉아 있는 것과 같다. 그런 상황에서 아무리 방문을 열어 밝게 하려고 해도 할 수가 없다.

## 5

『삼국지』「촉지」'선주전주'에 보면, 촉의 소열제 유비가 차기 지도자인 아들 유선에게 이렇게 유언을 남겼다.[151]

악(惡)이 아무리 작다고 할지라도 행하지 말고, 선(善)이 아무리 작다고 할지라도 행하지 않아서는 안 된다.

작은 악이 쌓이고 쌓여 큰 악이 되고, 작은 선이 쌓이고 쌓여 큰 선이 되기 때문이다.


## 6

『무후전서』에 보면, 제갈양이 아들에게 일상생활에서 경계해야 할 태도를 다음과 같이 일러주었다.[152]

훌륭한 인성을 지닌 사람의 행실은 차분한 마음으로 몸을 닦고, 검약한 태도로 덕을 기른다. 담백하지 않으면 마음이 가는 뜻을 밝힐 수 없고, 차분하지 않으면 삶의 장기적인 전망을 밝힐 수 없다.

배움은 차분한 마음에서 시작되어야 하고, 재주는 배움에서 점차로 길러져야 한다. 배움이 아니면 재주를 넓힐 수 없고, 차분한 마음을 지속하지 않으면 아무리 배운들 제대로 성과를 낼 수 없다. 게으르고 해이한 마음으로는 깊숙하게 가려져 있는 정밀한 것을 천착

---

151) 勿以惡小而爲之. 勿以善小而不爲.

152) 君子之行, 靜以修身, 儉以養德. 非澹泊, 無以明志, 非寧靜, 無以致遠. 夫學, 須靜也, 才, 須學也. 非學, 無以廣才, 非靜, 無以成學, 慆慢則不能硏精, 險躁則不能理性. 年與時馳, 意與歲去, 遂成枯落, 悲歎窮廬, 將復何及也.

하여 제대로 탐구할 수 없다. 거칠고 조급하게 행동하면 자신의 인성을 다스릴 수 없다.

나이는 계절과 함께 달리고, 뜻은 세월과 함께 가버린다. 마침내 늙고 쇠약해진 노년에 궁색한 오두막에서 슬피 한탄한들 어쩔 수 있겠느냐!


# 7

『유씨가훈』에는 자제들에게 당부하는 말이 다음과 같이 기록되어 있다. [153]

가문의 명예를 무너뜨리고 자신을 해치며, 선조를 욕되게 하고 집안을 망치는 데는 크게 다섯 가지 요인이 있다. 깊이 새겨 두어라!

첫째, 스스로 편안한 생활만을 찾고 검소한 삶을 좋아하지 아니하여, 자기에게 조금이라도 이익이 되면 다른 사람의 어떠한 비난도 근심하지 않는 것이다.

둘째, 올바른 학문이 무엇인지 알지 못하고, 옛날부터 전해오는 전통에 대해 기뻐하지 않으며, 옛날부터 공인된 훌륭한 저술들에 대해 모르면서도 부끄러워하지 않고, 최근의 시대 상황에 대해 논평하

---

153) 壞名災己, 辱先喪家, 其失尤大者五. 宜深誌之. 其一, 自求安逸, 靡甘澹泊, 苟利於己, 不恤人言. 其二, 不知儒術, 不悅古道, 懵前經而不恥, 論當世而解頤, 身旣寡知, 惡人有學. 其三, 勝己者厭之, 佞己者悅之, 唯樂戲談, 莫思古道, 聞人之善, 嫉之, 聞人之惡, 揚之, 浸漬頗僻, 銷刻德義, 簪裾徒在, 厮養何殊. 其四, 崇好優游, 耽嗜麯蘖, 以啗盃, 爲高致, 以勤事, 爲俗流. 習之易惰荒. 覺已難悔. 其五, 急於名宦, 匿近權要, 一資半級, 雖或得之, 衆怒羣猜, 鮮有存者. 余見名門右族, 莫不由祖先, 忠孝勤儉, 以成立之, 莫不由子孫, 頑率奢傲, 以覆墜之. 成立之難, 如升天, 覆墜之易, 如燎毛. 言之痛心, 爾宜刻骨.

는 데도 아는 것이 없어 할 말이 없으며, 자신이 배운 지식은 적으면서, 다른 사람이 배운 지식이 많은 것에 대해서는 미워하는 것이다.

셋째, 자기보다 나은 자를 싫어하고, 자기에게 아첨하는 자에 대해서는 기뻐하며, 농담하며 노는 것만을 좋아하고, 옛날부터 전해오는 전통에 대해서는 생각하지 않아, 다른 사람의 착한 말이나 행실을 듣고는 질투하고, 다른 사람의 나쁜 짓이나 단점을 듣고는 들추어내어 까면서, 한쪽으로만 빠져 사람의 품격과 정의를 깎아 없애면, 겉으로는 멀쩡하게 명품을 차려입고 있은들, 저 낮고 천한 수준의 사람들과 무엇이 다르겠는가.

넷째, 한가하게 노는 것을 최고의 가치로 여겨 좋아하며, 술을 즐기고 좋아하여 술 마시는 것을 고상한 운치로 여기고, 부지런히 일하는 것을 낮은 수준의 사람들이 하는 것으로 여기니, 이런 습관은 마음을 거칠게 만들기 쉽다. 그것이 잘못이라는 것을 깨달았을 때는 뉘우치기조차 어렵다.

다섯째, 공직자가 되었을 경우, 높은 지위를 얻기에 급급하다 보니, 권세가 있고 요직을 맡은 사람에게 은밀하게 다가가 아부하여 한 등급 승진할 수는 있다. 그러나 그런 일은 주변 사람들이 모두 알게 되어 있다. 여러 사람이 화를 내고 시기하게 되면, 결국은 그 자리를 보존하기 어렵다.

내가 살면서 경험해 보니, 명문가의 경우, 집안 대대로 선조들이 자신의 맡은 임무에 충실하고 집안에서 효도하며 부지런하고 검소한 생활을 하지 않음이 없었다. 자손이 완악하고 경솔하고 사치하고 오만하여 그 집안이 명문의 이미지가 실추되고 무너지지 않은 적이 없었다. 명문가로 거듭나는 일은 하늘에 오르는 것처럼 어렵고, 명문가로서의 이미지가 실추되고 무너지는 일은 깃털을 태우는 일처럼 쉽다. 자꾸 말을 하면 마음만 아프다. 내 자손들은 내 말을 뼈에 새겨 명심하라.

## 8

송나라 때에 범질이라는 사람이 국무총리급의 최고위층 공직자가 되었는데, 당시 공직 생활을 하던 조카가 승진과 관련된 인사 청탁을 하자, 시를 지어 깨우쳤다고 한다. 『송사』「범질열전」에 그 대략이 이렇게 기록되어 있다. [154)]

네 몸가짐을 어떻게 해야 하는지 배워라. 부모에 대한 효도와 사

---

154) 戒爾學立身, 莫若先孝悌. 怡怡奉親長, 不敢生驕易. 戰戰復兢兢, 造次必於是. 戒爾學干祿, 莫若勤道藝. 嘗聞諸格言, 學而優則仕, 不患人不知, 惟患學不至. 戒爾遠取辱, 恭則近乎禮. 自卑而尊人, 先彼而後己. 相鼠與茅鴟, 宜鑑詩人刺. 戒爾勿放曠, 放曠非端士, 周孔垂名敎, 齊梁尙淸議. 南朝稱八達, 千載穢靑史. 戒爾勿嗜酒, 狂藥非佳味. 能移謹厚性, 化爲凶險類. 古今傾敗者, 歷歷皆可記. 戒爾勿多言, 多言衆所忌. 苟不愼樞機, 災厄從此始. 是非毀譽間, 適足爲身累. 擧世重交游, 擬結金蘭契. 忿怨容易生, 風波當時起. 所以君子心, 汪汪淡如水. 擧世好承奉, 昂昂增意氣. 不知承奉者, 以爾爲玩戲. 所以古人疾, 籧篨與戚施. 擧世重游俠, 俗呼爲氣義. 爲人赴急難, 往往陷囚繫. 所以馬援書, 殷勤戒諸子. 擧世賤淸素, 奉身好華侈. 肥馬衣輕裘, 揚揚過閭里. 雖得市童憐, 還爲識者鄙. 我本羈旅臣, 遭逢堯舜理, 位重才不充. 戚戚懷憂畏, 深淵與薄冰, 蹈之唯恐墜. 爾曹當愍我, 勿使增罪戾. 閉門斂蹤跡, 縮首避名勢, 勢位難久居, 畢竟何足恃. 物盛則必衰, 有隆還有替. 速成不堅牢, 亟走多顚躓. 灼灼園中花, 早發還先萎. 遲遲澗畔松, 鬱鬱含晚翠. 賦命有疾徐, 靑雲難力致. 寄語謝諸郎, 躁進徒爲耳.

람에 대한 존중을 먼저 실천해라. 부모와 어른들을 잘 모시고 교만하거나 제멋대로 하는 마음을 내지 말라. 어떤 순간에도 두려워하고 조심하는 태도로 임하라.

너는 공직 생활의 기본부터 배워라. 자신의 맡은 일에 맞게 도리를 다하고 부지런히 일하여 능력을 발휘하라. 옛말에도 있지 않은가! 삶의 자세를 먼저 배우고 여력이 있으면 공직 생활을 한다고.

남이 알아주지 않음을 근심하지 말고, 나의 배움이 제대로 성취되지 못함을 근심하라. 인생에서 치욕을 멀리할 정신 자세를 가지라.

사람이 공손하면 예의를 어느 정도 갖추었다 할 수 있다. 자신을 낮추고 다른 사람을 존중하며, 상대방에게 양보하고 자기를 뒤에 세워라.

공직 생활을 하며 방자하게 맡은 일을 내려놓고 자유분방하게 허황된 소리를 하지 말거라. 그렇게 하면 단정한 공직자가 못 된다. 역사적으로 훌륭한 인품을 지닌 사람들은 모두가 알차게 일을 해놓았다.

너는 지나치게 술을 즐기지 말거라. 술은 사람을 미치게 하는 약이고, 삶을 즐기는 아름다운 맛은 아니다. 술은 사람의 성품까지도 바꾸게 하여 흉하고 음험한 무리가 되게 할 수도 있다. 역사를 통해 볼 때 술로 망한 사람이 많다.

너는 말을 너무 많이 하지 말거라. 훌륭한 인품을 지닌 사람은 말이 많은 것을 꺼린다. 알맹이 있는 말을 제대로 하지 않으면 재앙이 이로부터 시작된다. 옳다 그르다 하며 헐뜯고 싸우며 때로는 칭찬하는 가운데 몸은 누더기가 될 뿐이다.

온 세상이 친구 사귀는 것을 중시하여 온갖 모임을 결성한다. 모임도 좋지만 잘못하면 사람들 사이에 서로 헐뜯으며 성내고 원망이 쉽게 생겨나 풍파가 당장에 일어난다. 그러니 올바른 인성을 갖추려거든 마음을 차분하게 깊고 넓게 하고 담백함이 물과 같게 하라.

온 세상이 자기를 떠받들어 주는 것을 좋아하여 거드름을 피우며 뽐내려 한다. 그러면서도 떠받드는 자가 자기를 놀림감으로 삼는 것을 알지 못한다.

온 세상이 호방하고 의협심이 있는 사람을 중시하며 세속에서는 그를 기개 있고 의리가 있다고 한다. 남을 위하여 위급하고 어려운 일에도 달려든다. 그러다가 간혹 자기가 어려운 상황에 갇히고 구속되는 일에 빠진다. 조심하라.

온 세상이 맑고 흰 것을 좋아하기보다는 화려하고 사치스러운 것을 좋아한다. 좋은 차를 타고 명품 옷을 입고 의기양양하게 거리를 지나간다. 길거리의 어린아이들에게는 혹하여 좋은 듯이 보일지 모르나 지성을 갖춘 사람들에게는 천박하게 여겨진다.

나는 나그네의 심정으로 최고위층 자리에 붙어 있다. 훌륭한 지도자 밑에서 있다 보면 지위는 무겁고 재주는 충분치 못하다. 공직을 수행한다는 근심과 걱정, 두려움을 마음에 품어, 깊은 연못과 얇은 얼음을 밟은 듯이 하며 행여나 물밑으로 떨어질까 두려워한다.

조카! 자네를 비롯하여 친인척들은 이런 마음을 가지고 있는 나를 보고 심각하게 고민하기 바라네.

쓸데없이 인사 청탁이나 하여 나에게 죄를 더하게 하지 말라. 문을 닫고 종적을 감추어 몸을 움츠리고 명예와 권세를 피하라. 권세와 지위는 오래 머물기 어렵다. 어찌 믿을 수 있겠는가!

사물은 무성해지면 반드시 쇠락하고, 융성함이 있으면 다시 피폐함이 기다린다. 빨리 이루면 견고하지 못하고, 빨리 달리면 넘어지는 일이 많다. 정원에 활짝 핀 꽃은 일찍 피어났지만 먼저 시든다. 저 시냇가의 소나무는 더디게 자라지만 늦도록 울창하게 푸른 빛을 머금는다. 타고난 운명에 빠르고 늦음은 있겠지만, 그 청운(靑雲)과 같은 성공을 사람의 힘으로 이루기는 어렵다.

내 이렇게 간절하게 말한다.

조급하게 승진을 꿈꾸지 말라!

빨리 성취하려는 것은 부질없는 헛된 짓에 불과하다!


## 9

『소자전서』에는 자손을 훈계하는 말이 다음과 같이 기록되어

있다.155)

최고의 인간으로서 품격을 지닌 사람은 가르치지 않아도 착하다. 중간 정도의 인간으로서 품격을 지닌 사람은 가르치면 착하게 될 수 있다. 낮은 수준의 인간은 아무리 가르쳐도 착한 사람이 되지 못한다.

가르치지 않아도 착한 사람은 가장 훌륭한 인성을 갖춘 사람이다. 가르치면 착할 게 될 수 있는 사람은 똑똑한 인성을 지닌 사람이다. 아무리 가르쳐도 착한 사람이 되지 못하는 사람은 어리석은 인성을 지닌 사람이다.

착한 사람은 착한 일을 통하여 복을 받고 좋은 일이 많이 일어난다. 착하지 못한 사람은 나쁜 일을 통하여 재앙을 받고 좋지 않는 일이 많이 일어날 수 있다.

착한 사람은 눈으로는 예의가 아닌 색깔을 보지 않는다. 귀로는 예의가 아닌 소리를 듣지 않는다. 입으로는 예의가 아닌 말을 하지 않는다. 발로는 예의가 아닌 곳을 밟지 않는다.

착한 사람이 아니면 사귀지 않는다. 정당하게 가져야 하는 올바른 물건이 아니면 갖지 않는다. 착한 사람을 향기 나는 난초에 나아

155) 上品之人, 不敎而善. 中品之人, 敎而後善. 下品之人, 敎亦不善. 不敎而善, 非聖而何, 敎而後善, 非賢而何, 敎亦不善, 非愚而何. 是知善也者, 吉之謂也. 不善也者, 凶之謂也. 吉也者, 目不觀非禮之色, 耳不聽非禮之聲, 口不道非禮之言, 足不踐非禮之地, 人非善不交, 物非義不取, 親賢如就芝蘭, 避惡如畏蛇蝎. 或曰, 不謂之吉人, 則吾不信也. 凶也者, 語言詭譎, 動止陰險, 好利飾非, 貪淫樂禍, 疾良善如讐隙, 犯刑憲如飮食, 小則隕身滅性, 大則覆宗絶嗣. 或曰, 不謂之凶人, 則吾不信也. 傳有之曰, 吉人爲善, 惟日不足. 凶人爲不善, 亦惟日不足. 汝等, 欲爲吉人乎, 欲爲凶人乎.

가듯 가까이하라. 나쁜 사람을 독이 있는 뱀이나 전갈을 피하듯이 멀리하라. 이와 같이 한다면, 어떤 사람이 그에 대해 착한 사람이라고 하지 않더라도 나는 믿지 않을 것이다.

나쁜 사람은 말이 어긋나고 속임수를 쓴다. 행동거지가 비뚤다. 이익 챙기기를 좋아한다. 잘못된 일을 꾸민다. 음란한 일을 탐낸다. 재난을 스스로 불러온다. 착한 사람 미워하기를 원수같이 한다. 형벌과 법규 어기기를 물 마시거나 밥 먹듯이 한다. 작게는 자기의 몸을 망쳐 인성을 해친다. 크게는 자기의 가문을 망치게 하고 대가 끊어지게 한다. 이와 같이 한다면, 어떤 사람이 그에 대해 나쁜 사람이라고 하지 않더라도 나는 믿지 않겠다.

『서경』「태서」에 '착한 사람은 착한 일을 하되, 착한 일 하는 날이 늘 부족하다고 생각한다. 나쁜 사람은 착하지 않는 일을 하되, 또한 착하지 않는 일 하는 날이 늘 부족하다고 생각한다!'라고 하였다. 너희들은 착한 사람이 되려고 하느냐? 나쁜 사람이 되려고 하느냐?

## 10

여본중이 지은 『동몽훈』에서 서적이 배우는 사람에게 다음과 같이 훈계하였다.[156]

156) 諸君, 欲爲君子而使勞己之力, 費己之財, 如此而不爲君子, 猶可也. 不勞己之力, 不費己之財, 諸君, 何不爲君子. 鄕人賤之, 父母惡之, 如此而不爲君子, 猶可也. 父母欲之, 鄕人榮之, 諸君, 何不爲君子. 言其所善, 行其所善, 思其所善, 如此而不爲君子, 未之有也. 言其不善, 行其不善, 思其不善, 如此

여러분들은 훌륭한 인성을 갖춘 사람이 되어야 한다. 자기의 힘을 모두 쏟아부어라! 자기의 재물도 쓸 만큼 써라!. 그렇게 했는데도 훌륭한 사람이 되지 못한 경우는 차라리 괜찮다.

문제는 자기의 힘을 모두 쏟아붓지도 않고 자기의 재물도 쓰지 않으면서, 어찌하여 훌륭한 사람이 되려고 하지 않는가!

온 동네 사람들이 천시하고 부모가 미워하여, 훌륭한 인성을 갖춘 사람이 되기를 거부한다면 그것은 올바른 일이다. 하지만 부모가 그것을 바라고 온 동네 사람들이 그것을 영광으로 여기는데, 여러분은 어찌하여 훌륭한 사람이 되려고 하지 않는가!

착한 일에 대해 말하고, 착한 일을 실천하며, 착한 일에 대해 생각하는데, 훌륭한 인성을 갖춘 사람이 되지 않는 사례는 없다.

나쁜 일에 대해 말하고, 나쁜 일을 실천하며, 나쁜 일에 대해 생각하는데, 낮은 수준의 어리석은 사람이 되지 않는 사례도 없다.


## 11

『호씨전가훈』에서 자식에게 주는 글에 이렇게 말하였다. [157]

마음을 세울 때는 충실과 신뢰, 기만하지 않음을 핵심으로 하라.

몸가짐을 행할 때는 단정하고 장엄하고 청렴하고 근신하는 데 집중하라.

---

而不爲小人, 未之有也.

[157] 立心, 以忠信不欺, 爲主本. 行己, 以端莊淸愼, 見操執. 臨事, 以明敏果斷, 辨是非. 謹三尺, 考求立法之意而操縱之. 斯可爲政, 不在人後矣. 汝勉之哉. 治心修身, 以飮食男女, 爲切要.

맡은 일을 할 때는 분명하고 재빠르게 하고 과단성 있게 옳고 그름을 분별하라.

법률을 다룰 때는 그 규정을 세운 의미를 찾아 구체적으로 적용하라.

그러면 정치를 할 때 남에게 뒤떨어지지는 않을 것이다.

너희들은 힘써야 한다! 마음을 다스리고 몸을 닦는 일에서, 먹는 것과 남녀 관계 문제를 가장 간절하고 중요한 사안으로 삼아야 한다.

## 12

『엽조흡소찬』「진선생행장」에서 진량이 선거현의 지도자가 되어 그 현의 사람들을 다음과 같이 가르쳤다. [158]

여러분들은 이렇게 살아야 합니다. 다시 당부합니다.

아버지는 자식에게 의롭고 어머니는 자식을 사랑해야 합니다.

형은 동생에게 우애하고 아우는 형에게 공손해야 합니다.

자식은 효도해야 합니다.

부부 사이에는 서로 베풀고 배려하는 은혜가 있어야 합니다.

남녀 사이에는 제각기 맡은 일에 따라 분별이 있어야 합니다.

어린아이들이나 청소년들은 사람답게 사는 것이 무엇인지 예의

---

158) 爲吾民者. 父義母慈, 兄友弟恭, 子孝, 夫婦有恩. 男女有別, 子弟有學. 鄕閭有禮, 貧窮患難, 親戚相救. 婚姻死喪, 隣保相助. 無墮農業, 無作盜賊, 無學賭博, 無好爭訟. 無以惡陵善, 無以富吞貧. 行者讓路, 耕者讓畔, 班白者不負戴於道路, 則爲禮義之俗矣.

를 배워야 합니다.

마을에서 함께 살아가는 사람들 사이에는 예절이 넘쳐흘러야 합니다.

빈궁과 환난이 있을 때는 친인척이 서로 도와주어야 합니다.

결혼식이나 장례식과 같은 경조사에는 마을 사람은 물론 이웃 마을에서도 서로 도와야 합니다.

본업인 농사를 게을리해서는 안 됩니다.

절대 도적이 되어서는 안 됩니다.

도박을 배워서도 안 됩니다.

사람들과 싸우거나 재판을 걸어 송사하는 것을 좋아해서도 안 됩니다.

나쁜 짓을 일삼으며 착한 일 하는 사람들을 짓밟아서는 안 됩니다.

조금 부유하다고 하여 가난한 사람을 무시하며 자기 밑에 두어서도 안 됩니다.

길을 가는 사람은 길을 가면서 사고가 나지 않도록 조금씩 길을 양보해야 합니다.

밭을 가는 사람은 농사를 지으면서 조금씩 밭두둑을 양보해야 합니다.

늙은 사람이 길을 가면서 무거운 짐을 지거나 이고 가는 일이 없어야 합니다.

이렇게 하면, 우리 현은 예의 있는 풍속을 갖출 수 있을 것입니다.

## 13

『온공가의』에서 이렇게 말하였다.[159)]

집안에서 나이 어린아이들은, 일이 크건 작건 절대 제멋대로 행하지 말고, 반드시 집안의 어른과 상의하고 물어보아야 한다.

자식은 부모가 시키는 일에 대해 반드시 잊지 않도록 기록해 놓고, 수시로 그것을 살펴보면서 최대한 빨리 실행하고, 일을 마치면 부모에게 그 결과를 알려드려야 한다.

부모가 시킨 일 가운데 실천할 수 없는 것이 있으면, 낯빛을 온화하게 하고 목소리를 부드럽게 하여, 왜 일을 실천하기 힘든지, 어떻게 하는 것이 바르고 그른지, 부모가 이해할 수 있도록 정당한 사유를 부모에게 알린다. 그리고 부모의 허락을 기다린 뒤에 일의 내용을 고친다.

부모가 허락하지 않더라도 일에 큰 해가 없으면 자기의 뜻을 굽혀 따라야 한다. 부모가 시킨 일이 그르다고 하여 바로 제멋대로 일을 행한다면, 자기의 뜻이 모두 옳다고 하더라도 자식으로서 불순한

---

159) 凡諸卑幼, 事無大小, 毋得專行, 必咨稟於家長. 凡子受父母之命, 必籍記而佩之, 時省而速行之, 事畢則返命焉. 或所命, 有不可行者, 則和色柔聲, 具是非利害而白之, 待父母之許然後, 改之. 若不許, 苟於事, 無大害者, 亦當曲從. 若以父母之命爲非, 而直行己志, 雖所執皆是, 猶爲不順之子, 況未必是乎.

사람이 된다. 옳지 않은 일에 대해서는 말할 것도 없다.

**14**

『동몽훈』에 이런 기록이 있다.[160]

공직자가 되는 요건에 오직 세 가지가 있다. '청렴함'과 '신중함'과 '근면함'이다.

공직자를 지망하거나 공직자가 된 사람이 이 세 가지를 안다면, 그 몸가짐을 어떻게 해야 할지 알 것이다.

공직을 맡은 사람은, 어떤 일에 종사하건 정상적인 업무에 힘쓰지 않는 사람과 서로 접촉하지 말아야 한다. 무당처럼 특별한 신적 권위를 빌어 일을 하는 사람이나 남의 일을 돌보아 주고 구전을 받는 거간꾼 따위를 멀리해야 한다. 대신, 자신의 마음을 맑게 하고 무익한 일을 덜어버리는 데 힘쓸 필요가 있다.

공직 생활의 경험이 적은 젊은 사람이 갑자기 한 조직의 지도자로 부임하면, 경험은 많으나 정직하지 못한 보좌관의 교활한 작전에 걸려들어 업무를 제대로 살피지 못할 수 있다. 이때 조금의 이득이라도 얻지 못하면, 임기 동안 내내 교활한 보좌관에게 끌려다니며,

---

160) 當官之法, 唯有三事, 曰淸曰愼曰勤. 知此三者, 則知所以持身矣. 當官者, 凡異色人, 皆不宜與之相接. 巫祝尼媼之類, 尤宜疎絶. 要以淸心省事, 爲本. 後生少年, 乍到官守, 多爲猾吏所餌, 不自省察, 所得毫末, 而一任之間, 不復敢擧動. 大抵作官嗜利, 所得甚少, 而吏人所盜, 不貲矣, 以此被重譴, 良可惜也. 當官者, 先以暴怒爲戒, 事有不可, 當詳處之. 必無不中. 若先暴怒, 只能自害, 豈能害人. 當官處事, 但務著實. 如塗抹文字, 追改日月, 重易押字, 萬一敗露, 得罪反重. 亦非所以養誠心事君不欺之道也.

역할을 정상적으로 수행하지 못하는 경우가 발생한다. 그런데 공직자가, 특히 지도자가 이득을 좋아하게 되면, 실제 얻는 것은 매우 적으면서, 보좌관들이 중간에서 도둑질해 먹는 것은 헤아릴 수도 없다. 그런 일 때문에 공직자들이 무거운 견책을 당하므로, 늘 조심해야 한다.

공직자는 어떤 부정적인 사안에 대해 자신이 먼저 폭로하는 것을 경계해야 한다. 옳지 않은 일이 있으면 자세하게 살펴보고 꼼꼼하게 처리해야 한다. 이렇게 하면 도리에 맞지 않는 일은 없을 것이다. 먼저 폭로하게 되면 자신을 해치기 쉽다. 이런 문제도 늘 조심해야 한다.

공직자는 일을 처리할 때, 공문서를 위조하는 등 허위로 일을 꾸며서는 절대 안 된다. 주어진 일을 착실하게 처리하는 데 힘써야 한다. 예를 들면, 공문서의 글자를 고치거나 시행일 조작, 심지어는 날인 내용을 바꾸는 일 등이 실패하여 탄로가 나면, 오히려 그 죄가 매우 무겁다. 이는 봉사하기 위해 성실한 마음을 기르고 국민을 섬기는데 속임수를 쓰지 말아야 하는, 공직자의 도리가 아니다.

## 15

『중설』「사군」에서 수나라 때의 왕통이 이렇게 말하였다.[161]

결혼할 때, 예물로 주는 재물에 대해 많으니 적으니 하고 따지며

---

161) 婚娶而論財, 夷虜之道也. 君子不入其鄕. 古者, 男女之族, 各擇德焉. 不以財爲禮.

논하는 것은 교양이 없는 사람들이나 하는 짓이다.

훌륭한 인성을 갖춘 사람은 그런·교양 없는 사람들이 우글거리는 동네에 들어가지 않는다.

옛날에는 남자 쪽이나 여자 쪽이나 모두 상대방의 인성이 어떠한지 그 덕성을 보고 배우자를 선택했다. 재물이 많으냐 적으냐를 가지고 배우자를 맞이하는 것을 예의로 삼지는 않았다.

## 16

『온공서의』에서 다음과 같이 말하였다.[162]

결혼 문제를 논의할 때는 먼저 그 사위와 며느리의 성품과 행실, 그 집안의 법도가 어떠한지를 살펴야 한다. 단지, 그 집안의 재산이 많고 신분이 고귀함을 먼저 따져서는 안 된다.

사위 될 사람이 진정으로 착한 사람이라면, 지금은 가난하고 신분이 낮을지라도 먼 훗날까지 부귀하지 않을 것이라고 어떻게 장담하겠는가? 반대로 사위가 진정으로 어리석은 사람이라면, 지금은 부유하고 번성할지라도 먼 훗날에 가난하고 신분이 낮은 사람으로 전락하지 않을 것이라고 어떻게 장담하겠는가?

며느리 될 사람은 한 집안의 번영과 쇠락의 열쇠를 쥐고 있다.

---

162)  凡議婚姻, 當先察其與婦之性行, 及家法何如, 勿苟慕其富貴. 婿苟賢矣, 今雖貧賤, 安知異時, 不富貴乎. 苟爲不肖, 今雖富盛, 安知異時, 不貧賤乎. 婦者, 家之所由盛衰也. 苟慕一時之富貴而娶之, 彼挾其富貴, 鮮有不輕其夫而傲其舅姑, 養成驕妬之性. 異日爲患, 庸有極乎. 借使因婦財以致富, 依婦勢以取貴, 苟有丈夫之志氣者, 能無愧乎.

그러므로 단지 한 때 재산이 많고 신분이 고귀한 집안이라고 하여 그것만을 믿고 맞이해 오면 곤란할 수 있다. 자기 집안의 부유함과 귀함을 믿고 남편을 가벼이 여기고 시부모를 업신여겨, 교만하고 질투하는 성질이 길러져서, 훗날에 걱정거리가 될 수 있다.

또한 아내의 재물, 즉 처가의 재산을 이용하여 부를 축적하고, 처가의 세력에 의지하여 신분의 고귀함을 얻을 수도 있다. 하지만 진정으로 대장부의 뜻과 기개가 있는 사람이라면, 이런 일이 부끄럽지 않겠는가?

## 17

『송명신언행록』에서 호원이 다음과 같이 말하였다.[163]

딸을 시집보낼 때는 반드시 내 집보다 나은 집안에 보내야 한다. 내 집보다 나은 집안에 보내면 딸이 사람을 섬길 때 반드시 공경하고 조금이라도 더 긴장하며 조심할 수 있다.

며느리를 맞아들일 때는 반드시 내 집보다 못한 집안에서 맞아들여야 한다. 내 집보다 못한 집안에서 오면 며느리가 시부모를 모실 때 반드시 며느리의 도리를 잘 지킬 가능성이 높다.

---

163) 嫁女, 必須勝吾家者. 勝吾家, 則女之事人, 必欽必戒. 娶婦, 必須不若吾家者. 不若吾家, 則婦之事
舅姑, 必執婦道.

## 18

『장자전서』「횡거어록」에서 다음과 같이 말하였다. 164)

오늘날 친구라고 하는 사람들의 관계를 보면, 한심하기 그지 없다. 부드러운 태도로 아첨을 잘하는 사람을 가려 서로 어깨를 치고 옷소매를 붙잡으며 친한 체하면서 의기가 투합했다고 생각한다.

그러나 한마디 말이라도 서로 맞지 않으면 성난 얼굴로 상대방을 공격한다. 그러므로 친구 사이에 신뢰를 얻으려면 자신을 낮추는 데 게을리하지 않아야 한다.

진정한 친구 사이라면 진지하게 믿어주고 존중해야 한다. 그런 자세로 사귀면, 날이 갈수록 서로 친밀감을 더하여 친구 사이의 실제 우정을 가장 빠르게 얻을 수 있다.


## 19

『온공가의』에서 다음과 같이 말하였다.165)

한 집안의 어른이 된 사람은 반드시 예의와 법도를 지켜, 여러 자제와 집안의 여러 사람을 통솔해야 한다. 집안의 어른이라고 해서 멋대로 해서는 안 된다.

---

164) 今之朋友, 擇其善柔以相與, 拍肩執袂, 以爲氣合. 一言不合, 怒氣相加. 朋友之際, 欲其相下不倦. 故於朋友之間, 主其敬者, 日相親與, 得效最速.

165) 凡爲家長, 必謹守禮法, 以御子弟及家衆. 分之以職, 授之以事, 而責其成功. 制財用之節, 量入以爲出. 稱家之有無, 以給上下之衣食, 及吉凶之費. 皆有品節而莫不均一. 裁省冗費, 禁止奢華, 常須稍存贏餘, 以備不虞.

집안의 여러 사람에게 제각기 할 일을 맡기고, 그 일을 이루도록 책임감을 부여한다. 또한 집안의 재물을 어떻게 쓸 것인지 절차를 만들어 수입을 헤아려 지출한다. 집안의 재산이 얼마나 되는지를 확인하고 거기에 맞추어 집안사람들의 의복, 음식, 각종 행사 비용을 지출한다.

행사 비용을 지출할 때는 반드시 집안사람의 특성에 맞게 규정을 마련하여 공평하게 한다. 가능한 한 쓸데없는 비용을 줄이고, 사치하거나 화려하게 쓰는 것도 금지하여, 항상 조금의 여유를 남겨두어 뜻밖의 일에 대비해야 한다.


## 20

『한서』「동중서전」에서 다음과 같이 말하였다.[166]

훌륭한 인성을 갖춘 사람은 그 의리를 바르게 하고 그 이익을 도모하지 않는다.

그 도리를 밝히고 그 공로를 따지지 않는다.


## 21

『당서』「은일열전」에서 손사막이 다음과 같이 말하였다. [167]

담은 커야 하고 마음은 작아야 한다. 그래야 옳다고 생각하는

---

166) 仁人者, 正其義, 不謀其利. 明其道, 不計其功.
167) 膽欲大而心欲小. 智欲圓而行欲方.

일을 제대로 결단하고 조심해서 처리할 수 있다.

지혜는 둥글어야 하고 행실은 방정해야 한다. 그래야 두루 통하여 막힘이 없고 쉽게 구르거나 동요하지 않는다.

## 22

『국어』「주어」에 다음과 같은 말이 있다. [168]

착한 일이나 행동을 따르는 것은 높은 데 오르는 것과 같다.

나쁜 일이나 행동을 따르는 것은 아래로 추락하는 것과 같다.

## 23

『통서』에서 다음과 같이 말하였다. [169]

훌륭한 인성을 온전하게 갖춘 사람은 착한 일에 대해 귀로 들으면 마음에 간직한다.

그런 것이 쌓이고 쌓여 덕행이 되며, 실천하여 사업으로 드러난다.

지식으로 문장만을 연구하는 사람은 그에 비하면 아주 낮은 수준의 사람이다.

---

168) 從善如登, 從惡如崩.
169) 聖人之道, 入乎耳, 存乎心, 蘊之爲德行, 行之爲事業. 彼以文辭而已者, 陋矣.

## 24

『이정전서』「유서」에서 정호는 다음과 같이 말하였다. [170]

역사상 훌륭한 인성을 갖춘 사람의 온갖 말씀은 간단하다. 특별한 것이 아니다. 보통 사람들이 긴장의 끈을 놓치고 안일하고 나태한 태도로 놓아버린 마음을 가져다 거두어서, 스스로 돌이켜 몸에 들어오게 하려고 했을 뿐이었다. 무슨 비법을 써서 훌륭한 인성과 교양을 갖춘 것이 아니다.

스스로 착한 마음을 찾아, 아래에서는 사람들이 살아야 하는 삶의 법칙을 탐구하고, 그 이치를 깨달으면, 위로 하늘의 이치를 통달할 수 있다.

특히, 외면을 가지런히 하고 엄숙히 하면, 마음이 한결같아진다. 마음이 한결같아지면 저절로 나쁜 생각이나 일들이 마음에 침범하지 못한다.

이 지점에서 '자기'스스로'에 대해 돌아볼 필요가 있다. 스코틀랜드의 작가인 새뮤얼 스마일스(Samuel Smiles, 1812~1904)는 『자조론』에서 말했다.

인간의 성품은 눈에 보이지 않는 무수한 것들에 의해 형성된다. 선조들의 지혜나 속담과 격언, 인생에서의 직접적 경험과 책, 친구와 이웃, 현재 내가 사는 사회 등, 인간은 이 모든 것들을 이어받았고,

---

170) 聖賢千言萬語, 只是欲人, 將已放之心約之, 使反復入身來. 自能尋向上去, 下學而上達也. 只整齊嚴肅, 則心便一, 一則自無非僻之干.

의심할 여지 없이 거기서 큰 영향을 받고 있다.

이 지점에서 분명하게 깨달아야 할 사항이 있다. 인생의 행복과 성공에 관한 이해이다. 그것은 어디까지나 '자기 스스로 책임져야 한다!' 이것만은 명백하다. 아무리 훌륭하고 현명한 인간일지라도 타인에게 도움받지 않을 수는 없다. 그러나 가장 이상적인 것은 '스스로 자기에게', 자신이 최고의 후원자가 되는 일이다. 이것이 인생을 좌우한다.

## 25

『이정전서』「외서」에 다음과 같은 기록이 있다.[171]

이천 선생은 『표기』에 나오는 "사람이 씩씩하고 진지한 태도로 삶을 대하면 점점 강해진다! 편안함을 즐기고 방자하게 생활하면 점점 게을러진다!"라는 말을 아주 좋아했다.

보통 사람의 마음은 잠깐만이라도 놓아두고 멋대로 하면 텅텅 비게 되어 쓰러지고, 스스로 단속하면 점점 법도에 맞는 방향으로 나아간다.

## 26

『이정전서』「잡저」에 다음과 같은 기록이 있다.[172]

171) 伊川先生, 甚愛表記. 君子莊敬日彊, 安肆日偸之語.
盖常人之情, 纔放肆則日就曠蕩, 自檢束則日就規矩.

172) 人於外物奉身者, 事事要好. 只有自家一箇身與心, 却不要好. 苟得外物好時, 却不知道自家身與

사람이 마음은 치우치기 쉽다. 의복이나 음식, 그리고 주택과 같은 물질적 욕망의 차원에서는 전반적으로 좋은 것을 요구한다.

그런데 자기의 몸과 마음을 살찌우는 일은 좋게 하려고 달려들지 않는다.

물질적 욕망이 명품으로 갖추어지면 질수록, 자기의 몸과 마음이 그만큼 좋지 않게 된다! 인생 공부에서, 좀 제대로 깨닫고, 직시하라!

## 27

『이정전서』「유서」에서 정이는 다음과 같이 말하였다.[173]

사람에게는 세 가지 불행이 있다.

첫째, 젊은 시절에 과거 시험을 봐서 고위직 공직자가 되는 것이다.

젊은 시절 과거에 합격한다는 것은 학문이나 인생 경험이 아직 성숙하지 않은 상황을 반영한다. 그러므로 그만큼의 위험이 도사리고 있다.

둘째, 부모 형제의 권세를 빌어 좋은 직장에 들어가는 것이다.

부모 형제의 권세에 힘입어 좋은 직장이나 높은 직책에 오르는 것은 그 사람의 능력이나 자질에 맞지 않을 수 있다. 그러므로 그만

---

心, 已自先不好了也.

173)  人有三不幸. 少年登高科, 一不幸. 席父兄弟之勢, 爲美官, 二不幸. 有高才能文章, 三不幸也.

큼의 위험이 도사리고 있다.

셋째, 뛰어난 재주가 있어 문장을 잘하는 것이다.

뛰어난 재주로 문장에 능숙한 사람은 덕망이 없어 피상적으로 글재주만을 부리기 쉽다. 경솔하게 문장력을 자랑하는데 스스로 만족할 수 있는 위험성이 있다.

이 위험성을 원초적으로 만들었다는 사실이, 인생에서 불행이다. 그 불행은 자신의 노력과 겸손과 절제를 통해 극복할 수 있다. 하지만, 상당수의 인간은 그 불행을 없애는 데 인색하다. 그것이 불행을 초래하는 문제이다.


## 28

『장자전서』「정몽」에서 다음과 같이 말하였다.[174]

배움에 몰두하는 사람은 인간의 예의를 꽉 잡고 있어야 한다. 예의를 버리면 배불리 먹는 일에 시간을 보내기 쉽다. 그럴 경우, 제대로 집중하여 도모하는 일이 없어지게 마련이고, 저 낮은 수준의 사람들과 똑같아진다.

그리하여 시간이 지나면 지날수록, 끝에는 하는 짓거리가 좋은 의복과 음식을 두고 잔치하고 노는 것을 즐기는 데 빠진다. 인생이 망가질 대로 망가진다.

---

174)  學者捨禮義, 則飽食終日, 無所猷爲, 與下民一致. 所事不踰衣食之間, 燕遊之樂耳.

## 29

『동몽훈』에 다음과 같은 기록이 있다.[175]

자신의 나쁜 습성을 잘 다스려라! 대신, 다른 사람의 단점에 대해서는 너무 간섭하지 말라. 자기의 나쁜 습성을 스스로 잘 다스리려면, 밤낮 구분 없이 늘 스스로 점검한다. 조금이라도 다하지 못하게 되면, 마음에 만족스럽지 못한다. 그러니, 어찌 다른 사람의 단점을 점검할 겨를이 있겠는가?

'은혜를 준 사람과 원수를 진 사람을 분명히 구분한다!'라는 말이 있다. 이는 인간의 도리를 제대로 깨달은 사람의 말은 아니다. 왜냐하면 공자가 말하였듯이, 은혜를 입은 사람은 은혜로 보답하고, 원한을 입었을 때는 원한으로 갚지 말고 공평무사한 올바른 도리로 갚아야 한다. 원수를 반드시 원수로 보복하기만을 생각한다면, 그것이 어찌 도리를 지닌 사람의 말이라고 하겠는가?

'세상에 착한 사람이 없다!'라는 말도 있다. 이는 인간의 덕성을 제대로 깨달은 사람의 말이 아니다. 왜냐하면 맹자가 말하였듯이, 사람의 천성은 모두 착하고 그것을 확충시키면 모든 사람이 훌륭한 사람이 될 수 있다! 그런데 이 세상이 더럽고 혼란스럽다고 하여 세상에 착한 사람이 없다고 한다면, 그것이 어찌 덕성을 지닌 사람의 말이라고 하겠는가?

---

175) 攻其惡, 無攻人之惡. 盖自攻其惡, 日夜, 且自點檢, 絲毫不盡, 則慊於心矣. 豈有工夫點檢他人耶. 恩讐分明此四字, 非有道者之言也. 無好人三字, 非有德者之言也.

## 30

『송명신언행록』에 보면, 장역이 자신의 「좌우명」에서 다음과 같이 말하였다.[176]

말은 반드시 성실하고 신뢰를 갖게 하자!

행실을 반드시 최선을 다하고 진지하게 하자!

음식은 반드시 삼가고 절제하자!

글씨를 쓸 때는 반드시 반듯하게 쓰자!

용모는 반드시 단정하고 씩씩하게 하자!

의복은 반드시 엄숙하고 가지런하게 하자!

걸음걸이는 반드시 침착하고 조용하게 하자!

집에 있을 때는 반드시 자세를 바르고 고요하게 하자!

일할 때는 반드시 계획을 세워서 시작하자!

말할 때는 반드시 행실을 돌아보자!

올바른 덕목은 반드시 굳게 잡고 고수하자!

어떤 일을 승낙할 때는 반드시 신중하게 처리하자!

착한 일을 보면 나에게서 나온 것처럼 여기자!

나쁜 일을 보면 나의 병처럼 생각하자!

나는 지금까지 살아오면서 이 14가지 사안에 대해 깊이 살피지 못하였다. 이제부터 이를 책상 앞에 붙여 놓고, 아침저녁으로 보면

---

176) 凡語, 必忠信. 凡行, 必篤敬. 飮食, 必愼節. 字, 必楷正. 容貌, 必端莊. 衣冠, 必肅整. 步履, 必安詳. 居處, 必正靜. 作事, 必謀始. 出言, 必顧行. 常德, 必固持. 然諾, 必重應. 見善, 如己出. 見惡, 如己病. 凡此十四者, 我皆未深省. 書此當坐隅, 朝夕視爲警.

서, 나 자신을 성찰할 것이다.

**31**

『호씨전가록』에서 말하였다.<sup>177)</sup>

인간은 세상을 사는 맛에 대해 담담하게 대하는 것이 좋다. 사람이 살아가는 데 지나치게 재산이나 신분을 따지는 것은, 세상 살아가는 맛에서 크게 요구되는 사안이 아니다.

맹자가 "식탁의 높이가 어느 정도인지 모르겠지만, 사방 한 길쯤 음식을 진열하고 수백 명이 시중을 들게 할 정도로 부와 권력을 얻더라도, 나는 그런 짓을 하지 않겠다!"라고 하였듯이, 배우는 사람은 그런 것을 염두에 두어서는 안 된다. 먼저 이런 생각을 머리에서 싹 지우고, 항상 스스로 공부하는 데 몰두하여 분발할 때만이 타락하지 않을 것이다.

나는 제갈공명의 다음과 같은 사연을 정말 존경한다. 제갈공명이 한나라 말기에 몸소 남양에서 밭을 갈며 명예와 영달을 구하지 않았다. 나중에 유비가 삼고초려(三顧草廬)하며 초빙했을 때 응하였다. 그리고 천하를 셋으로 나누는데 기여하며, 그 몸이 최고 지도층

---

177) 人須是一切世味, 淡薄, 方好. 不要有富貴相. 孟子謂堂高數仞, 食前方丈, 侍妾數百人, 我得志不爲. 學者須先除去此等. 常自激昂, 便不到得墜墮. 嘗愛諸葛孔明, 當漢末, 躬耕南陽, 不求聞達. 後來, 雖應劉先主之聘, 宰割山河, 三分天下, 身都將相, 手握重兵, 亦何求不得, 何欲不遂. 乃與後主言, 成都, 有桑八百株, 薄田十五頃, 子孫衣食, 自有餘饒. 臣身在外, 別無調度, 不別治生, 以長尺寸, 若死之日, 不使有餘粟, 庫有餘財, 以負陛下. 及卒, 果如其言. 如此輩人, 眞可謂大丈夫矣.

의 자리에 이르렀다. 이런 상황에서 무엇을 구한들 얻지 못하며, 무
엇을 하고자 한들 이루지 못했겠는가!

그러나 제갈공명은 유비의 아들 유선에게 말하였다.

"성도에 뽕나무 수백 그루와 척박한 농지가 좀 있어, 자손들이
먹고사는 데는 어느 정도 여유가 있습니다. 다만, 이 제갈공명이 늘
외지에 나와서 활동하다 보니 그 나무와 밭을 제대로 경작하거나
정돈하지 못하여, 집안의 재산을 늘리지는 못했습니다. 이 제갈공명
이 죽는 날 곡간에 남은 곡식이 있고 창고에 남은 재물이 있어, 최고
지도자의 얼굴에 먹칠을 하는 일은 없게 하겠습니다!"

제갈공명이 죽자, 과연 그의 말과 같았다. 이와 같은 사람이 진
정 대장부라고 할 만하다.


## 32

『동래변지록』에 보면, 범충이 자신의 「좌우계」에 다음과 같이
말하였다.[178]

첫째, 정부에서 하는 일의 유익함과 유해함에 대한 논의, 국경
에서 들어오는 보고, 공직자 임명 등 국정에 대해 함부로 말하지 말

---

178) 范益謙座右戒曰. 一, 不言朝廷利害邊報差除. 二, 不言州縣官員長短得失. 三, 不言衆人所作過惡
之事. 四, 不言仕進官職趨時附勢. 五, 不言財利多少厭貧求富. 六, 不言淫媒戲慢評論女色. 七, 不言
求覓人物干索酒食. 又曰. 一, 人附書信, 不可開坼沈滯. 二, 與人竝坐, 不可窺人私書. 三, 凡入人家,
不可看人文字. 四, 凡借人物, 不可損壞不還. 五, 凡喫飮食, 不可揀擇去取. 六, 與人同處, 不可自擇便
利. 七, 見人富貴, 不可歎羨詆毁. 凡此數事, 有犯之者, 足以見用意之不肖. 於存心修身, 大有所害. 因
書以自警.

자!

둘째, 지방에 근무하는 공직자들의 장점과 단점, 이득과 망실 등 공직자들의 문제에 대해 함부로 말하지 말자!

셋째, 여러 사람이 저지른 과실과 나쁜 일을 말하지 말자!

넷째, 공직에 나아가는 일과 때에 따라 권세에 아부하는 짓에 대해 말하지 말자!

다섯째, 재산과 이익의 많고 적음, 가난을 싫어하고 부자가 되는 것을 추구하는 일에 대해 말하지 말자!

여섯째, 음란하고 희롱하고 업신여기고 사람의 잘나고 못난 것에 대해 이러쿵저러쿵 말하지 말자!

일곱째, 남에게 물건을 요구하거나 술과 음식을 사라고 강요하는 것에 대해 말하지 말자!

거기에다 또 아래와 같은 다짐을 덧붙였다.

첫째, 다른 사람이 편지를 부탁하면, 뜯어보거나 보내는 데 지체시키지 말자!

둘째, 다른 사람과 함께 앉았을 때, 다른 사람의 개인적인 글을 훔쳐보지 말자!

셋째, 다른 사람의 방에 들어갔을 때, 다른 사람의 글을 보지 말자!

넷째, 다른 사람의 물건을 빌릴 때, 그것을 훼손하거나 돌려주지 않는 행위를 하지 말자!

다섯째, 음식을 먹을 때, 가려내고 버리지 말자!

여섯째, 다른 사람과 함께 있을 때, 자기의 편의대로 가려 취하지 말자!

일곱째, 다른 사람의 부유함과 귀함을 보고 부러워하거나 헐뜯지 말자!

이런 몇 가지 일을 어기는 경우가 있으면, 내가 마음을 쓰는데 충실하지 못함을 충분히 볼 수 있으리라. 마음을 보존하고 몸을 닦는데 크게 해로운 바가 있으리라. 때문에 이 글을 써서 나 스스로 경계하려고 한다.

## 33

『안씨가훈』에 이런 기록이 있다.[179]

책을 읽고 학문을 하는 까닭은 본래 닫힌 마음을 열고 사물을 관찰하는 안목을 밝혀 실천하는데 이롭게 하기 위해서이다. 아래의

---

179) 夫所以讀書學問, 本欲開心明目, 利於行耳. 未知養親者, 欲其觀古人之先意承顏, 怡聲下氣, 不憚勤勞, 以致甘腝, 惕然慙懼, 起而行之也. 未知事君者, 欲其觀古人之守職無侵, 見危授命, 不忘誠諫, 以利社稷, 惻然自念, 思欲效之也. 素驕奢者, 欲其觀古人之恭儉節用, 卑以自牧, 禮爲敎本, 敬者身基, 瞿然自失, 斂容抑志也. 素鄙恪者, 欲其觀古人之貴義輕財, 少私寡慾, 忌盈惡滿, 賙窮恤匱, 赧然悔恥, 積而能散也. 素暴悍者, 欲其觀古人之心小黜己, 齒弊舌存, 含垢藏疾, 尊賢容衆, 苶然沮喪, 若不勝衣也. 素怯懦者, 欲其觀古人之達生委命, 强毅正直, 立言必信, 求福不回, 勃然奮厲, 不可恐懼也. 歷茲以往, 百行皆然, 從不能淳, 去泰去甚, 學之所知, 施無不達. 世人讀書, 但能言之, 不能行之. 武人俗吏, 所共嗤詆, 良由是耳. 又有讀數十卷書, 便自高大, 凌忽長者, 輕慢同列, 人疾之如讐敵, 惡之如鴟梟. 如此以學求益, 今反自損. 不如無學也.

사안별로 익숙하지 않은 사람은, 왜 책을 읽고 배워야 하는지 심각히 고려해야 한다.

아직 부모를 제대로 봉양하는 방법을 모르는 사람은 이런 점을 배워야 한다. 옛날 훌륭한 인성과 교양을 지닌 사람들이 부모를 모실 때는, 부모의 뜻을 살피고, 낯빛을 온화하게 하고, 목소리를 부드럽게 하고, 기운을 나지막하게 하고, 수고로움을 마다하지 아니하며, 달고 연한 음식을 올리고도, 부끄러워하고 두려워하며 더욱 분발하려고 했다.

공직이나 직장에서 지도자를 섬기려는 사람은 이런 점을 고려할 필요가 있다. 옛날 훌륭한 인성과 교양을 지닌 사람들은 어떤 직책을 맡으면, 자기의 직분을 지키는 데 힘쓰고 다른 사람의 직분을 침해하는 일이 없으며, 직장에 위태로운 일이 생기면 목숨을 바쳐 구하려고 하고, 잘못된 부분이 있으면 진정으로 충고하여 조직을 이롭게 만들려고 하였으며, 이런 여러 사안에 대해 스스로 헤아려서 생각하고 배우려고 했다.

스스로 교만하고 사치에 빠질 우려가 있다고 생각되는 사람은 다음과 같은 부분을 따라 배울 필요가 있다. 옛날 훌륭한 인성과 교양을 지닌 사람들은, 공손하고 검소하여 재물을 쓸 때 절약하였고, 자기의 몸을 낮추어 처신하였으며, 예의를 가르침의 근본으로 삼았고, 진지함에 자기 몸을 맡겼다. 교만과 사치에 빠질 우려가 있는 사람들은 이런 처신의 방법을 적극적으로 배워야 한다.

천하고 견문이 좁으며 욕심을 부리는 습성이 있다고 생각되는 사람은 아래와 같은 내용을 점검할 필요가 있다. 옛날 훌륭한 인성과 교양을 지닌 사람들은, 의리를 귀하게 여기고 재물을 가볍게 여기며, 개인적인 욕심을 적게 하고 줄이며, 가득 찬 것을 꺼리고 싫어하며, 곤궁한 사람들을 도와주고 없는 사람들을 불쌍히 여겼다. 이를 보고 얼굴을 붉히고 뉘우치며 부끄러워하여 재물을 모으되 다양한 사회적 약자들에게 나누어 주려고 해야 한다.

세상에서 자신이 좀 사납고 모질며 강한 힘을 지니고 있다고 생각하는 사람은 이런 내용을 참고하여 성격을 부드럽게 할 필요가 있다. 옛날 훌륭한 인성과 교양을 지닌 사람들은, 조심하며 자신을 억제하고, 강한 이빨은 깨지거나 부러질 수 있어도 부드러운 혀는 남는다고 생각하며, 다른 사람의 오점을 감싸주고 다른 사람의 과실을 덮어주며, 훌륭한 사람을 존경하고 대중을 포용했다.

자신이 좀 비겁하고 나약하다고 생각되는 사람은 다음과 같은 처신을 고려할 필요가 있다. 옛날 훌륭한 인성과 교양을 지닌 사람들은, 삶과 죽음의 이치에 통달하여 할 일을 모두 한 후에 결과를 하늘에 맡기고 기다렸다. 정신은 굳세고 하는 일은 바르고 곧게 하였으며, 자기주장을 할 때는 신념을 가지고 성실하게 하며, 자기의 행복을 추구할 때는 비겁하거나 간사한 행동을 하지 않았다. 이런

점을 참고하여 확 떨치고 일어나 힘써 두려워하는 부분을 없애려고
해야 한다.

이와 같은 일을 생각하고 거치고 나면, 모든 행실이 다 그러한
것처럼 느껴진다. 모든 측면에서 온전하게 이루지는 못할지라도, 지
나친 것을 없애고 심한 것을 제거해 나가면, 점점 배워서 아는 것이
많아지고 실천할 수 있는 영역도 넓어질 것이다.

세상 사람들은 글을 읽기는 하지만, 그것을 말하기만 하고 행하
지 못하고 있다. 그러니까 글을 읽지 않는 사람들에게 웃음거리가
되고 비방을 받게 되는 것이다.

또한 수십 권의 책을 읽은 것을 가지고, 스스로 높고 큰 체하며,
어른들을 능멸하고 홀대하며, 동료들을 경멸하고 업신여겨, 사람들
이 원수나 적처럼 미워한다. 이와 같이 행동할 경우, 학문은 유익함
을 구하려는 것인데, 도리어 스스로 해치고 있으니, 학문에 발을 들
여놓지 않는 것만 못하다.

## 34

송나라 때의 여본중이 『여사인잡기』에서 다음과 같이 말하였
다.[180]

---

180) 大抵後生爲學, 先須理會所以爲學者何事. 一行一住一語一默, 須要盡合道理. 學業則須是嚴立課
程, 不可一日放慢. 每日須讀一般經書, 一般子書, 不須多. 只要令精熟. 須靜室危坐, 讀取二三百遍, 字
字句句, 須要分明. 又每日須連前三五授, 通讀五七十遍, 須令成誦. 不可一字放過也. 史書, 每日須讀
取一卷或半卷以上, 始見功, 須是從人授讀, 疑難處, 便質問, 求古聖賢用心, 竭力從之. 夫指引者, 師之

후배들이 학문할 때 좀 심각하게 고민하면 좋겠다. 도대체 왜 학문을 하는가? 그 이유가 무엇인가? 정확하게 깨달을 필요가 있다. 이런 태도로 한 번 가고 한 번 머무르고, 한 번 언표하고 한 번 침묵하는 것, 이 모두가 도리에 맞게 될 정도가 되어야 한다.

학업을 시작하기로 마음먹었으면, 그 과정을 엄격하게 세워라! 하루라도 방만해서는 안 된다.

매일 자신의 전공 분야에서 핵심이 되는 전문 서적을 파고들되, 많이 읽기보다는 자세하게 분석하면서 제대로 익혀야 한다. 조용한 방에서 확실하게 수십 번을 읽으면서 검토하여, 개념을 분명히 해야 한다. 또 매일, 최근 일주일 동안 수업한 것을 이어서 통독(通讀)하고 필요한 부분은 외우며, 한 개념이라도 건성으로 지나쳐서는 안 된다.

역사서를 비롯하여 기타 전공과 필요한 교양서적은 매일 조금씩 읽어야 한다. 그래야 응용하고 적용할 수 있는, 실제 효과를 볼 수 있다. 읽다가 의심나고 어려운 곳이 있으면, 표시해 두었다가 잘 아는 사람에게 질문하기도 하고, 여러 자료를 찾아가며 스스로 지식을 확보해야 한다.

학문 과정에서 학문을 지도하고 인도하는 것은 '스승'의 몫이다.

학문을 하는데 열심히 공부해도 개념을 파악하지 못할 때는 친구 동료들과 함께 공부하며 조용히 바로잡아 가야 한다. 그렇게 서

---

功也. 行有不至, 從容規戒者, 朋友之任也. 決意而往, 則須用己力, 難仰他人矣.

로 깨우쳐주고 주의를 환기하면서 연구하는 것이 학문적 동지로서 친구의 임무이다.

그러나 학문적으로 무엇을 지향하는지, 그 뜻을 결정하여 나가는 일은, 전적으로 '자신'의 몫이다. 따라서 다른 사람에게 부탁하거나 의뢰하기 어려운 부분이다.

## 35

『동몽훈』에 다음과 같이 말하였다.[181]

오늘 한 가지 일을 기억하고, 내일 또 한 가지 일을 기억하라. 그렇게 오랫동안 계속하면 자연스럽게 세상의 이치와 법칙을 꿰뚫게 된다.

오늘 한 가지 이치를 분별하고, 내일 또 한 가지 이치를 분별하라. 그렇게 오랫동안 계속하면 자연스럽게 세상의 도리가 마음에 흠뻑 젖어 든다.

오늘 한 가지 어려운 일을 행하고, 내일 또 한 가지 어려운 일을 행하라. 그렇게 오랫동안 계속하면 자연스럽게 마음 자세가 견고해진다.

스르륵 얼음이 풀리듯, 아주 흡족하게 이치에 맞게 되는 것은,

---

181) 今日, 記一事, 明日, 記一事, 久則自然貫穿. 今日, 辨一理, 明日, 辨一理, 久則自然浹洽. 今日, 行一難事, 明日, 行一難事, 久則自然堅固. 渙然冰釋, 怡然理順, 久自得之. 非偶然也. 前輩嘗說, 後生, 才性過人者, 不足畏. 惟讀書尋思推究者, 爲可畏耳. 又云, 讀書, 只怕尋思. 盖義理精深. 惟尋思用意, 爲可以得之. 鹵莽厭煩者, 決無有成之理.

오랫동안 계속하여 저절로 얻어지는 효과이다. 절대 우연히 확보될 수 있는 사안이 아니다.

예전에 어떤 선배 학자가 이렇게 말하였다.

"후학 가운데 재주가 남보다 뛰어난 사람은 두려워할 것이 없다! 어떤 친구가 두려우냐? 글을 읽을 때, 깊이 탐색하여 생각하고 천착하여 연구하는 사람! 그렇게 공부하는 사람이야말로 두려워할 만하다!"

또 "글을 읽을 때, 깊이 탐색하여 생각하는 사람이 두렵다!"라고도 하였다.

이렇게 보면, 학문의 방법이 구체적으로 드러난다. 배움에서 다루는 개념의 뜻이나 그 이치는 정밀하고 심오하다. 오직 깊이 탐색하여 생각하고, 뜻이 무엇인지 천착해야 꿰뚫어 볼 수 있다. 따라서 마음을 쓰지 않고, 찾기를 번거로워하고, 연구를 게을리하며 싫어하는 자는 결코 성공할 수가 없다.

## 36

『안씨가훈』에 다음과 같이 말하였다.[182]

다른 사람에게 책을 빌릴 때는, 책을 아끼고 보호하려는 마음을 지녀야 한다. 그리고 책을 보면서, 빌리기 이전에 찢어지거나 해진

---

182) 借人典籍, 皆須愛護, 先有缺壞, 就爲補治. 此亦士大夫百行之一也. 濟陽江祿, 讀書未竟, 雖有急速, 必待卷束整齊然後, 得起. 故無損敗. 人不厭其求假焉.

곳이 있으면, 책 소유자를 위해 보수해 주어야 한다. 이것이 학자가 지녀야 할 여러 행실 가운데 한 가지이다.

양나라 때 제양 지방에 살던 강록이라는 사람은 빌린 책을 읽다가 다 읽지 못했을 때는, 아무리 급한 일이 있더라도 반드시 책을 말아서 묶어 두고 바르게 펴지기를 기다린 다음에 일어났다. 그러므로 절대 책이 손상되지 않았다. 따라서 사람들은 그가 책을 빌려달라고 하는 것을 싫어하지 않았다.

## 37

『이정전서』에서 정호는 다음과 같이 말하였다.[183]

스승이 학생을 가르칠 때는 순서와 차례가 있다. 먼저 작은 것과 가까운 것을 전해준 뒤에 큰 것과 먼 것을 가르친다.

세상을 다스릴 때는 민심과 사회적 분위기인 풍속을 바로잡고, 똑똑하고 재주가 있는 사람을 등용하는 일을 중요시해야 한다.

우선, 훌륭한 사람들을 고문이나 자문역으로 모시고, 공직자들이 훌륭한 덕성을 갖추고 사회적 모범이 될 만한 인물을 찾아서 추천하도록 한다.

---

183) 君子, 敎人有序. 先傳以小者近者而後敎以大者遠者. 言於朝日, 治天下, 以正風俗得賢才, 爲本. 宜先禮命近侍賢儒及百執事, 悉心推訪, 有德業充備足爲師表者. 其次, 有篤志好學材良行修者, 延聘敦遣, 萃於京師, 俾朝夕, 相與講明正學. 其道, 必本於人倫, 明乎物理. 其敎, 自小學灑掃應對以往, 修其孝悌忠信, 周旋禮樂. 其所以誘掖激勵磨成就之道, 皆有節序. 其要, 在於擇善修身, 至於化成天下, 自鄕人而可至於聖人之道. 其學行, 皆中於是者, 爲成德.

다음으로, 뜻을 분명히 하고 학문을 좋아하며 자질이 훌륭하고 행실이 닦여진 사람이 있으면, 초빙하여 예우를 갖추어 모신다.

이러한 학문의 목표는 반드시 인륜(人倫)에 기초하여 세상 사물의 이치를 밝히는 데 둔다. 그 가르침은 '소학'의 물 뿌리고 쓸어내며 응낙하고 대답하는 '쇄소응대(灑掃應對)'의 교육을 시작으로, 효도하고 공경하며 충실하고 신뢰하는 '효제충신(孝弟忠信)'을 닦으며, 궁극적으로 '예악(禮樂)'에 맞게 기거하고 행동하도록 만드는 데 있다. 그 말로 가르쳐 유도하고 손으로 잡아주어 격려하며, 점차 갈고 닦아 나가서 성취하는 길에 모두 절도와 순서가 있어야 한다.

그 요점은 착한 일을 선택하여 몸을 닦고, 이 세상에 교화가 이루어지도록 하여, 모든 사람이 인간답게 살 수 있는 길을 마련하는 데 있다.

그 학문과 행실이 모두 여기에 맞는 사람이, 다름 아닌 훌륭한 인성과 교양을 갖춘 지도급 인사이다.

## 38

『송사』「여대방열전」에 다음과 같은 기록이 있다.[184]

남전여씨의 향약에 다음과 같이 말하였다.

한마을에서 함께 살면서 향약을 맺은 사람들은 아래의 4대 강

---

184) 藍田呂氏鄉約曰. 凡同約者. 德業相勸, 過失相規, 禮俗相交, 患難相恤. 有善則書于籍, 有過若違約者, 亦書之. 三犯而行罰, 不悛者, 絶之.

령을 지켜야 한다.

첫째, 착한 덕행과 올바른 사업을 서로 권장한다.

둘째, 잘못과 실수가 있으면 서로 바로 잡아준다.

셋째, 예의가 있는 사회 분위기를 통해 서로 교제한다.

넷째, 재난이 발생했을 때는 서로 구휼한다.

착한 일을 실천한 사람이 있으면 향약의 문서에 기록하고, 잘못이나 실수가 있거나 약속을 위반한 사람도 문서에 기록한다. 세 번 향약을 어기면 벌을 주되, 그래도 고치지 않는 사람은 향약에서 제명한다.

향약은 현대적 의미를 부여하면, 각종 지방자치단체의 행정 원리와도 상통한다. 어쩌면 복지정책의 근원이 될 수 있는 교육의 4대 원칙이 그 유명한 '덕업상권(德業相勸), 과실상규(過失相規), 예속상교(禮俗相交), 환난상휼(患難相恤)'에 담겨 있지 않을까?

## 39

『이정전서』「명도행장」에 다음과 같이 기록되어 있다.[185]

사람을 가르칠 때, 이미 알고 있는 지식으로 이치를 탐색하여 지식을 제대로 밝히게 하였고, 가장 착한 일을 일상에서 실천하도록 하였다. 학문하는 뜻을 최대한 발휘케 하여 세상을 공평하게 만들

---

185) 敎人, 自致知, 至於知止. 誠意, 至於平天下. 灑掃應對, 至於窮理盡性, 循循有序. 病世之學者, 捨近而趣遠, 處下而高. 所以輕自大而卒無得也.

수 있도록 유도하였다.

물 뿌리고 쓸어내며 응낙하고 대답하는 『소학』의 '쇄소응대'로
부터 세상의 이치를 캐묻고 착한 본성을 훤하게 발휘하는 『대학』의
'궁리진성(窮理盡誠)'에 이르기까지, 학문을 하는 차례와 순서가 있었
다.

그런데 지금은 어떤가? 세상에서 학문을 하며 공부한다는 사람
들은, 삶에서 가까운 것을 버리고 저 형이상학적인 먼 곳으로 달려
간다. 낮은 데 있으면서 저 높은 곳으로 뛰어 오를 기회만 엿 보고
있다.

그런 만큼, 경솔하게 스스로 잘난 체하고, 끝내는 아무런 효과도
얻지 못한다. '학자입네' 하는 병폐에 푹 빠져 헤어 나오지 못한다.

이런 학문 풍토에서 훌륭한 인성을 갖춘 사람을 길러낼 수 있겠
는가?

# 참고문헌

『小學』

『小學集註增解』

『論語』

『孟子』

『詩經』

『書經』

『禮記』

『周易』

『易傳』

『周易本義』


金星元 校閱. 『小學集註』. 서울: 명문당, 1978.

金星元 譯著. 『小學』. 서울: 명문당, 1985.

成百曉 譯註. 『小學集註』. 서울: 전통문화연구회, 2010.

신창호. 『주역단상』(상). 서울: 박영스토리, 2024.

신창호. 『한글 논어』. 서울: 판미동, 2014.

신창호. 『한글 맹자』. 서울: 판미동, 2015.

宇野精一. 『小學』(新釋漢文大系 3). 東京: 明治書院, 1966.

이상옥. 『禮記』(上·中·下). 서울: 명문당, 2003.

李忠九 譯註. 『小學集註』(上·下). 서울: 단국대학교출판부, 1986.

# 한글로 다시 쓴 **소학**

**초판 1쇄 발행** | 2025년 2월 25일

**지은이** | 신창호

**편  집** | 강완구

**디자인** | S-design

**펴낸이** | 강완구

**펴낸곳** | 도서출판 써네스트    **브랜드** | 우물이있는집

**출판등록** | 2005년 7월 13일 제2017-000293호

**주  소** | 서울시 마포구 양화로 56, 1521호

**전  화** | 02-332-9384        **팩  스** | 0303-0006-9384

**홈페이지** | www.sunest.co.kr

**ISBN** 979-11-94166-47-4(93150) 값 15,000원

우물이있는집은 써네스트출판사의 인문브랜드입니다